EL PEQUEÑO LIBRO
DE LOS
PÉNDULOS

EL PEQUEÑO LIBRO DE LOS
PÉNDULOS

INTRODUCCIÓN A LA ADIVINACIÓN
CON EL PÉNDULO

DANI BRYANT

MADRID · MÉXICO · BUENOS AIRES · SANTIAGO
2025

Título original: *A Little Bit of Pendulums. An Introduction to Pendulum Divination*
© 2019. Dani Bryant
© 2025. De la traducción, José Antonio Álvaro Garrido
© 2025. De esta edición, Editorial Edaf, S.L.U., Jorge Juan, 68 — 28009 Madrid, por acuerdo
con Sterling Publishing Co., Inc., publicado por primera vez por Sterling Ethos en 2019,
una división de Sterling Publishing Co., Inc., 33 East 17th Street, New York, NY, USA,
10003, representados por UTE Körner Literary Agent, S.L.U., c/ Arago 224, pral 2.ª, 08011
Barcelona

Diseño de cubierta: © Sterling Publishing Co., Inc., adaptada por Diseño y Control Gráfico
Maquetación y diseño de interior: Adaptada del original por Diseño y Control Gráfico, S.L.

Editorial Edaf, S.L.U.
Jorge Juan, 68
28009 Madrid, España
Telf.: (34) 91 435 82 60
www.edaf.net
edaf@edaf.net

Ediciones Algaba, S.A. de C.V.
Calle 21, Poniente 3323 - Entre la 33 sur y la 35 sur
Colonia Belisario Domínguez
Puebla 72180, México
Telf.: 52 22 22 11 13 87
jaime.breton@edaf.com.mx

Ediciones y Distribuciones Edaf SRL
Calle Chile, 2222, PB
1227- Buenos Aires (Argentina)
Telf: +54 11 4308 52 22/+54 11 6784 95 16
fernando@edafarg.net

Edaf Chile, S.A.
Huérfanos 1178 - Oficina 501
Santiago - Chile
Telf: +56 9 4468 05 39/+56 9 4468 0597
comercialedafchile@edafchile.cl

Junio de 2025

ISBN: 978-84-414-4441-6
Depósito legal: M-10025-2025

PRINTED IN SPAIN   IMPRESO EN ESPAÑA

COFÁS

Papel 100 % procedente de bosques gestionados de acuerdo con criterios de sostenibilidad.

CONTENIDO

INTRODUCCIÓN
Descubrir los péndulos

EL PÉNDULO SE HA UTILIZADO COMO HERRAMIENTA DE adivinación y radiestesia durante miles de años. Se tiene constancia del empleo de instrumentos de radiestesia, tales como el péndulo y las varillas de zahorí, desde hace 8.000 años. El uso moderno se basa en el descubrimiento hecho en 1949, por exploradores franceses, de murales dibujados en las paredes de las cuevas de Tassilli, en Argelia, en los que aparecen personas con utensilios bifurcados que parecen buscar recursos subterráneos. El Museo de El Cairo conserva péndulos de cerámica recuperados de tumbas de hace 1.000 años. Un grabado del emperador chino Yu, fechado en hace 2.500 años, representa a este con un aparato parecido a una varilla de zahorí.

En Grecia los investigadores descubrieron pruebas datadas en el año 400 a. C., del uso del péndulo en el Oráculo Pitio de Delfos, en el que el péndulo se utilizaba como herramienta de adivinación al servicio de la realeza, la nobleza y los militares. A finales del siglo XVI el científico italiano Galileo Galilei observó cómo se balanceaba un candelabro desde el techo de la catedral de

Pisa, lo que le llevó a estudiar el funcionamiento de los péndulos para medir el tiempo. Sus estudios condujeron al inicio de la investigación científica sobre las propiedades del péndulo, a principios del siglo XVII. A mediados de 1600 el matemático Christiaan Huygens utilizó estas investigaciones para inventar el primer reloj de péndulo.

El péndulo, como herramienta de adivinación, ha tenido su buena dosis de críticas, que se remontan a la Edad Media, cuando, a comienzos de 1300, el papa Juan XXII comenzó a perseguir a las «brujas», personas que eran principalmente parteras, curanderas y adivinas, así como radiestesistas. La Iglesia consideraba el uso del péndulo como una forma de adivinación y de adoración al diablo. El uso del péndulo se prohibió entonces hasta mediados del siglo XVIII, cuando se hizo evidente que los péndulos se utilizaban con éxito como varillas para la radiestesia.

En 1833 Michel Eugène Chevreul investigó el movimiento del péndulo y llegó a la conclusión de que las reacciones musculares involuntarias y subconscientes son las responsables del movimiento del péndulo, convirtiendo su descubrimiento en una de las primeras definiciones del reflejo ideomotor. Chevreul fue el primero en investigar el péndulo en una dimensión espiritual.

El abate Alexis Mermet, que residió en Francia durante la década de 1930, tuvo un enorme éxito con el uso del péndulo en sesiones de curación, para ayudar a encontrar a personas desaparecidas y como herramienta de radiestesia cartográfica para encontrar agua. Su trabajo despertó de nuevo un gran interés por los péndulos. Ahora son aceptados y utilizados libremente, incluso por el Vaticano. En 1935 Mermet fue reconocido por el Vaticano por su extensa labor con el péndulo y se le pidió que ayudara a resolver algunos problemas arqueológicos. El abate Mermet inventó el péndulo Mermet, un péndulo redondo de metal con una cámara diseñada para contener sustancias. Se cree que las vibraciones del péndulo de Mermet emiten las mismas vibraciones que la sustancia almacenada en la cámara.

Sin embargo, por mucho éxito que haya tenido el péndulo durante siglos, su uso se critica con frecuencia, debido a la falta de pruebas científicas sobre cómo funciona. Demostrar cómo funciona un péndulo puede ser difícil debido a la «respuesta ideomotora»: contracciones musculares causadas por el movimiento subconsciente de la mano de una persona.

Es muy difícil para los científicos reunir datos sobre este fenómeno, porque no podemos monitorizar y ver la energía en forma de espíritu. En otras palabras, las personas no son conscientes de que tienen las respuestas dentro de sí mismas porque, al yo consciente, le gusta tomar el control y cerrar el paso al yo superior y la intuición. Es tan fácil vivir de esta manera en estos tiempos, pues nuestras vidas están muy ocupadas, y las voces temerosas dentro de nuestras cabezas pueden tomar el control con suma facilidad cuando nos vemos atrapados en los aspectos mundanos de la vida. Nos olvidamos de parar, respirar, relajarnos y mirar hacia dentro cuando necesitamos respuestas. Por eso el péndulo es una herramienta tan fantástica, ya que nos obliga a hacer precisamente eso: parar, respirar, relajarnos e ir hacia nuestro interior.

El péndulo no solo es una forma maravillosa de orientarse y obtener respuestas, sino que también puede ayudar a localizar recursos. La radiestesia con péndulo es la forma adivinatoria de localizar recursos subterráneos como agua, petróleo, metales, cristales, etcétera. Esta práctica se utiliza desde hace miles de años. Durante la guerra de Vietnam se utilizó el péndulo para encontrar la ubicación de minas y túneles subterráneos. En Francia, los médicos utilizaban péndulos para detectar enfermedades en el interior del cuerpo, un proceso que el sacerdote francés Alex Bouly denominó radiestesia, en la década de 1930. Durante la Guerra Fría, en los años 60, a Verne Cameron se le denegó el pasaporte estadounidense cuando quiso viajar a Sudáfrica para ayudar a su gobierno a localizar valiosos recursos. Debido a que pocos años antes había demostrado a la Marina estadounidense cómo localizar en un mapa todos los submarinos estadounidenses utilizando sus habilidades con el péndulo, el gobierno de EE UU consideró a Cameron un riesgo para la seguridad nacional. Hoy en día el péndulo no se utiliza a menudo para la radiestesia. La tecnología se ha vuelto tan asombrosa a la hora de encontrar recursos que los péndulos y las varillas de radiestesia ya no son algo habitual.

Los primeros hipnotizadores también utilizaban el péndulo para relajar a sus clientes y llevarlos a un estado profundo de meditación, haciéndoles mirar cómo el péndulo oscilaba hacia delante y hacia atrás. Es posible que hayas visto programas de televisión en los que un hipnotizador hace oscilar un reloj de bolsillo para llevar a un cliente al trance. Observa cómo el péndulo oscila hacia delante y hacia atrás ayuda a las personas a entrar en un estado de relajación al reducir la actividad de las ondas cerebrales mientras se centran en el péndulo, lo que disminuye el constante parloteo mental que se produce en la vida cotidiana. Si te resulta difícil relajarse, coje el péndulo y observa cómo se mueve. En un abrir y cerrar de ojos, te quedarás dormido.

Con fines adivinatorios, los péndulos se utilizan para responder a preguntas básicas de sí/no/tal vez. En el terreno espiritual, puedes contactar con tus guías, ángeles o antepasados, o con quien estés en sintonía en el reino de los espíritus. Los péndulos también se utilizan en trabajos de sanación energética, en diferentes modalidades, para equilibrar los chakras/puntos energéticos dentro del cuerpo e incluso para localizar infecciones, dolencias y alergias. Otros usos de los péndulos son la limpieza energética de espacios, la búsqueda de objetos perdidos, la adivinación y, según algunos, ¡hablar con las mascotas! Una vieja leyenda dice que colgando de un hilo un anillo de boda u otra joya de una mujer embarazada y dejándolo colgar sobre su vientre, es posible adivinar el sexo del bebé. Esta práctica se sigue utilizando hoy en día.

Los péndulos están ganando popularidad gracias a que se utilizan en la adivinación. El uso del péndulo está muy aceptado en muchas culturas y sistemas de creencias. El péndulo en sí no es una herramienta religiosa, es algo que cualquier persona, con cualquier creencia, puede utilizar.

Por desgracia, muchas personas intentan utilizar el péndulo durante un breve lapso de tiempo y luego lo dejan de lado, para no volver a intentarlo nunca más. Esto se debe a que la oscilación del péndulo puede ser difícil de interpretar, y las respuestas a las preguntas pueden ser indirectas, sobre todo para los que aún no comprenden los matices más sutiles de su función. Aunque los péndulos son muy sencillos de usar, para obtener de verdad resultados óptimos, necesitas práctica, paciencia, creencia y aceptación de que tu yo superior está trabajando contigo en todo momento para darte tus respuestas. El péndulo es una herramienta a la que hay que respetar, cuidar y con la que hay que conectar. Su simple apariencia puede ser engañosa, pero necesitas estar alineado con tu forma más verdadera en todo momento: con tu alma y tu espíritu. Si dudas del funcionamiento del péndulo, aunque solo sea por un segundo, déjalo y vuelve a intentarlo en otro momento.

Los péndulos suelen tener forma cónica, estar hechos de metal o cristal y cuelgan de una cadena. Se puede utilizar cualquier cosa para hacer un péndulo, siempre y cuando haya algo al final de una cadena o cuerda que sea lo bastante pesado como para crear un movimiento oscilante. En casi todas las tiendas Nueva Era, *online* o no, encontrarás una gran variedad de péndulos. Sobre las distintas formas de péndulos trataremos más adelante, pero la primera regla a la hora de encontrar tu propio péndulo es la siguiente: escucha tu corazón y compra (o fabrica) uno que brille y con el que conectes. Tienes que sintonizar con tu péndulo; de lo contrario, los resultados te decepcionarán. Es como cualquier otra cosa en la vida: necesitas establecer una conexión con aquello con lo que estás interactuando; de lo contrario, la energía entre ambos no funcionará.

Por lo tanto, el péndulo es una herramienta maravillosa a la que hay que dedicar tiempo y esfuerzo. Como la mayoría de las cosas, necesita práctica, perseverancia y comprensión. Esta guía te ayudará a sacar el máximo partido de tu péndulo, así que vamos a adentrarnos en el mundo de los péndulos y a buscar las respuestas que hay en su interior.

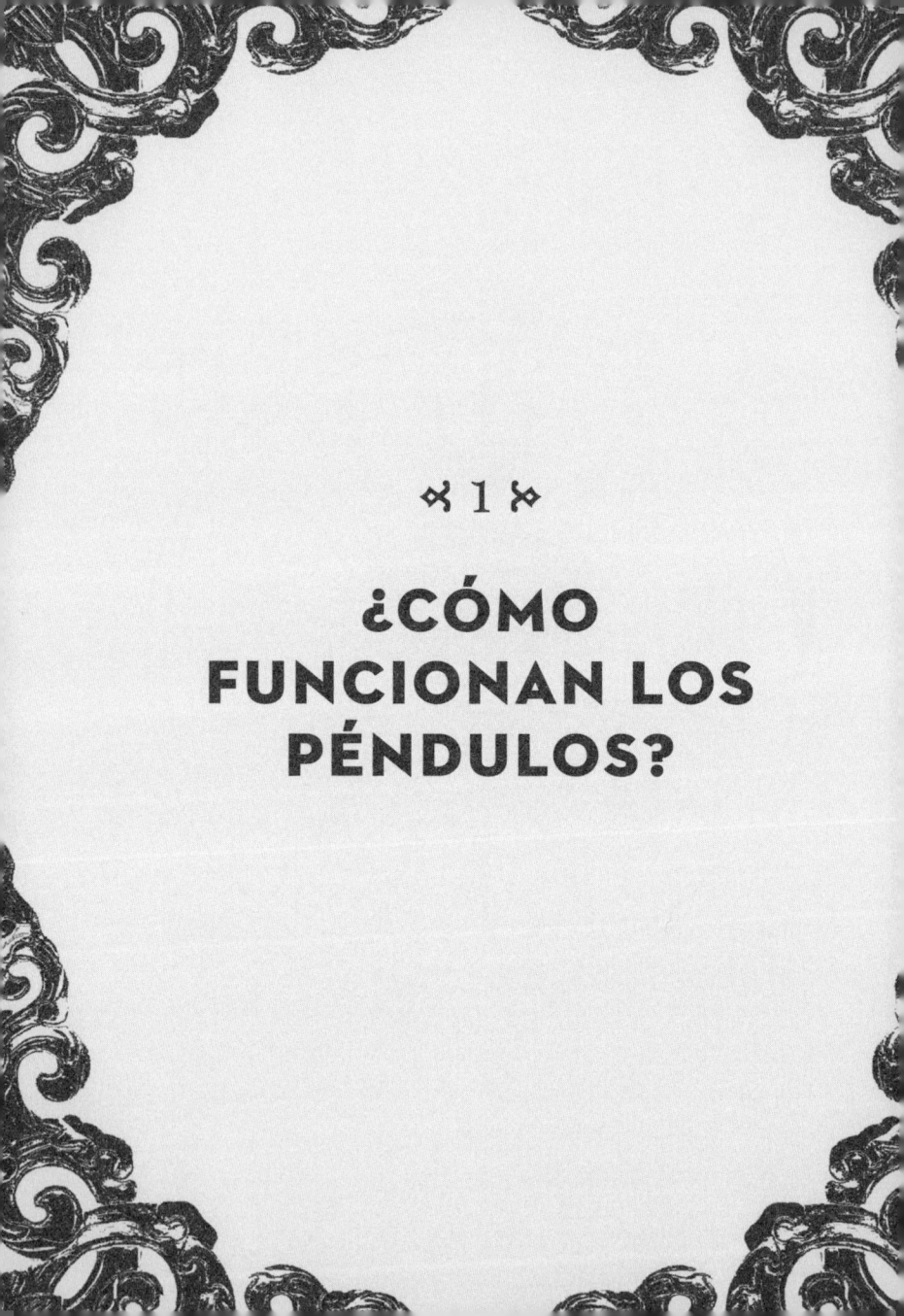

✧ 1 ✧

¿CÓMO FUNCIONAN LOS PÉNDULOS?

U N PÉNDULO COMBINA UNA SIMPLE APARIENCIA CON
una función mística y llena de matices.

Al responder al propio campo energético de tu cuerpo, en con-
junción con tu yo superior y tu intuición, provoca reflejos espasmódicos en
tu brazo y muñeca que permiten que el péndulo se mueva en una dirección
determinada para responder a tus preguntas.

Este movimiento de las muñecas y los brazos se denomina «reflejo ideomotor», lo que significa que los músculos de los brazos se mueven por la
actividad subconsciente del cerebro. Así que, al hacer tu pregunta, tu campo de
energía está respondiendo a lo que tu ser interior ya sabe subconscientemente,
pero conscientemente no lo sabes, porque estás de lo más condicionado a ce-
rrarte a la intuición y en su lugar escuchar a tu mente racional. Los científicos
han estudiado el concepto de que el péndulo oscila debido al campo electro-
magnético de la Tierra, de forma parecida a cómo funciona el péndulo en un
reloj. Esto es tan válido como la creencia de que tu yo superior está provocando

una reacción de tu cerebro para mover tus músculos; sin embargo, este último método aún no se ha demostrado científicamente. Ambas teorías se basan en las vibraciones de nuestro campo energético: el péndulo es un transmisor de energía y se mueve en consecuencia. El péndulo recibe información de tu campo áurico/energético a través de tu yo superior y más allá, y luego actúa como transmisor de esa energía a través de tu brazo y el movimiento oscilante de la cuerda del péndulo. Por supuesto, la idea de que el péndulo oscila como una extensión del espíritu cuenta con su buena porción de escépticos, pero cuanta más confianza y creencia tengas en el arte de usar el péndulo como adivinación, más fuertes serán sus respuestas, así que sigue con ello y cree que las respuestas siempre están en tu interior.

Podemos mencionar multitud de casos que apoyan y prueban que el péndulo funciona. Sin embargo, medir con precisión y exactitud cómo funciona el péndulo es muy difícil. Probar el péndulo en un entorno basado en la ciencia hace que sea muy difícil para cualquiera -independientemente de la experiencia en el uso del péndulo- hacer que se mueva durante el experimento, sobre todo si se intenta algo relacionado con la adivinación. Forzar la «prueba» de una herramienta de adivinación es algo extremadamente difícil: el cuerpo reacciona negativamente cuando se le ha obligado a hacer algo en un entorno más que escéptico. Si estás adivinando el futuro solo para probar que tu sistema «funciona», el entorno se viciará, y las energías de los observadores tienen tendencia a filtrarse en la tuya propia y corromper sus resultados, sobre todo en el caso de que los observadores no crean que el péndulo pueda funcionar. Además, verse puesto a prueba no es precisamente una experiencia de lo más relajante.

Hay muchos factores que intervienen en el uso del péndulo y en la comprensión de sus movimientos. Como ya se ha mencionado, el péndulo se mueve a través de los pequeños movimientos musculares del brazo, pero, si estás estresado, ansioso, nervioso, enfadado o experimentando cualquier otra confusión emocional, estos movimientos musculares no funcionarán correctamente. Para obtener las respuestas que tu yo interior desea que tengas, tus músculos necesitan estar relajados, no luchando contra la adrenalina y las hormonas disparadas de tu cuerpo. Las alteraciones que se producen en tu cuerpo, causadas por tus emociones, pueden bloquear la energía que se utiliza para mover el péndulo, así que, por eso, es muy importante permanecer relajado y estar en un estado de equilibrio emocional cuando se utiliza el péndulo. Otros factores que pueden provocar respuestas erróneas pueden ser la deshidratación y la dieta. Si tus músculos no tienen un suministro adecuado de nutrición y líquidos, no se moverán correctamente. Piensa en cuando estás deshidratado: tu cuerpo responde con más lentitud, tus movimientos son espasmódicos, te sientes letárgico y, sencillamente, no tienes energía. Cuando tu cuerpo no tiene los nutrientes adecuados para moverse de forma correcta, es más difícil que los pequeños movimientos comunicados por tu ser superior y tu intuición muevan el péndulo.

Otra cosa que hay que tener en cuenta es la colocación del brazo: si el brazo está demasiado cerca del cuerpo, puede captar los movimientos del pecho al respirar, lo que puede provocar movimientos falsos en el brazo. Como puedes ver, no se trata solo de coger el péndulo y dejarlo oscilar. De hecho, hay muchos factores a tener en cuenta cuando se aprende a utilizar el péndulo correctamente.

¿QUIÉN TIENE LAS RESPUESTAS?

Tu yo superior -o intuición- trabaja desde tu corazón, no desde tu cabeza, y solo te brinda orientación amorosa. Tu yo superior trabaja con tus guías, ángeles, lo divino o con quien resuenes y sabe todo sobre ti, como si tuvieras tu propia enciclopedia personal, que también se conoce como los *registros akáshicos*. Estos registros akáshicos tienen todo lo almacenado sobre ti: tus vidas pasadas, tu vida presente y tu futuro. Como los guías espirituales tienen sus propias identidades y personalidades -al igual que los ángeles, dioses, diosas y otras deidades-, tu yo superior forma parte de ti en tu cuerpo etérico (las capas de energía que te rodean), que es una capa de tu aura y, por lo tanto, una parte de ti. Tu yo superior hace aflorar los dones intuitivos que llevas dentro. Todo el mundo tiene habilidades psíquicas, pero solo se manifiestan si te sintonizas con ellas y las utilizas. ¿Has tenido alguna vez un *déjà vu*? ¿O has tenido alguna vez la corazonada de no hacer algo? ¿Sientes algo extraño nada más entrar en una habitación? Es tu intuición y tu yo superior hablándote y guiándote. A algunos les resulta fácil y natural, pero a otros les puede llevar algún tiempo confiar realmente en sus capacidades y escucharlas.

Veamos con mayor detalle cómo puedes escuchar a tu intuición. Sintonizar con tus clari- (consulta la siguiente lista) es una forma estupenda de aprovechar la manera que tiene el cuerpo de guiarte y orientarte hacia tus propias capacidades psíquicas:

CLARIVIDENCIA

PERCEPCIÓN VISUAL: La clarividencia es la capacidad de obtener visiones a través del tercer ojo (ojo de la mente) para percibir acontecimientos futuros y adquirir conocimientos sobre personas o cosas. Puede que te resulte fácil visualizar mientras meditas, o puede que las imágenes aparezcan en tu mente mientras sigues con tu día a día. Estas imágenes y visiones son tu capacidad psíquica y la forma en que tus guías se comunican contigo.

CLARIAUDIENCIA

PERCEPCIÓN AUDITIVA: La clariaudiencia es la capacidad de oír palabras. Puedes reunir y adquirir conocimientos sobre acontecimientos futuros, personas y actividades cotidianas en general, escuchando palabras y frases que te comunican sus guías. Si te resulta natural llevar un diario y escribir, entonces tu habilidad psíquica más fuerte puede ser la clariaudiencia. Puede que las palabras, las frases, las letras de canciones y los poemas te vengan a la cabeza con facilidad.

CLARISENTENCIA

PERCEPCIÓN SENSORIAL: Las personas clarisentientes tienen la capacidad de sentir las sensaciones y los cambios de energía en las personas, los espacios y el entorno que les rodea. Suelen sentir con facilidad la energía de las personas y los espacios, y saben instintivamente de qué humor están, qué ambiente hay en un lugar y si algo está bien o mal, por ejemplo, con solo tener una corazonada. Si eres sobre todo clarisentiente, puedes sentir que tu propia energía se agota sin cesar, sobre todo en espacios abarrotados, y que necesitas recargarte con regularidad.

CLARICONSCIENCIA

PERCEPCIÓN COGNITIVA: La clariconsciencia es la capacidad de saber algo sin tener ningún conocimiento previo de la situación, persona, lugar o acontecimiento. ¿Alguna vez has sabido algo sobre otra persona que no conocías o sobre un lugar en el que nunca habías estado? Las personas que tienen una fuerte clariconsciencia cuentan con la capacidad de conocer los hechos como de la nada, pueden describir un acontecimiento antes de que ocurra y simplemente saben cuándo algo está a punto de suceder.

Cuando utilizo el péndulo, especialmente para un cliente, mi clariaudiencia se intensifica y oigo palabras relacionadas con las preguntas del cliente. Así que no solo obtengo una respuesta sí/no/tal vez, sino que también puedo elaborar y dar una respuesta más completa e informativa basada en las palabras que escucho. Al utilizar el péndulo para obtener respuestas rápidas, en realidad podrías estar abriéndote a mucho más de lo que esperabas de una manera maravillosa y conectiva. Puedes ser capaz de encontrar tu propio don psíquico especial, ya que este se abre para ti. Tal vez al usar el péndulo puedas ver visiones que nunca antes habías visto, o puedas tener sensaciones imprevistas en tu cuerpo, o empezar a adquirir conocimientos de la nada. Mantente abierto, receptivo y confiado, y descubrirás que pueden ocurrir milagros; la vida empezará a fluir más fácilmente y a ser más bella.

El reino espiritual (al que pertenecen guías espirituales, ángeles, ancestros, dioses/diosas, deidades) no está moviendo el péndulo por ti. En vez de eso, el reino espiritual está trabajando dentro de tu campo de energía y tu ser superior para causar los pequeños movimientos realizados en las muñecas y los brazos, que es la razón por la que este método de adivinación es tan real y hermoso: estás trabajando con él, tanto si consideras que existe como si no. El péndulo no es una forma de magia; no es una herramienta que se mueva mágicamente por sí sola. Tú estás moviendo el péndulo, solo que no eres consciente de ello, a menos que fuerces el movimiento.

Entregarte a este proceso te ayuda a sacar a la luz el aspecto espiritual de tu vida y, con el tiempo, puede abrirte a una escala de vida mayor. Empezarás a ver las cosas desde otra perspectiva. Cuando te guías por el amor, emites más amor. Tu conexión con tu yo superior y tus guías espirituales es una relación para toda la vida. Tus guías están agradecidos de que te acerques a ellos y usar el péndulo es una gran herramienta para el tipo de conexión que te permitirá recibir su amorosa guía. Al igual que la meditación, el uso de las cartas del tarot y otros métodos para mejorar tus habilidades psíquicas, el trabajo con el péndulo puede ser muy muy valioso. Solo tienes que seguir con él, perseverar ¡y tener fe en que funcione!

❖ 2 ❖

¿POR QUÉ UTILIZAR UN PÉNDULO?

LOS PÉNDULOS SON FÁCILES DE MANEJAR Y CUALQUIERA puede utilizarlos. Son bellos y místicos, y atraen a las personas que sienten curiosidad por saber cómo funcionan. No se necesita ninguna cualificación especial para emplear un péndulo, y personas de todas las clases sociales pueden iniciarse en la práctica. Los péndulos son pequeños, compactos y asequibles, y pueden utilizarse en cualquier lugar. Aunque se puede usar un péndulo, como fuente fiable de orientación e información, sin ningún tipo de formación, ciertas técnicas pueden mejorar su uso y se tratarán más adelante con más detalle, en el capítulo 5. Los péndulos pueden utilizarse no solo para la adivinación personal, sino también para la de otras personas (con su permiso). Los péndulos los puedes usar para tus mascotas y tu jardín, para comprobar el estado de los alimentos y el agua, y como complemento de otras herramientas de adivinación. Echemos un vistazo ahora a algunas formas diferentes en las que puedes utilizar tu péndulo:

PREGUNTAS BÁSICAS DE LA VIDA COTIDIANA

Puedes emplear el péndulo para responder a preguntas básicas del tipo sí/no/quizá como: «¿Me he dejado las gafas en el coche?» «¿Debería cenar pasta?» «¿Me compro esas botas negras?» Prácticamente se puede preguntar cualquier cosa. No tengas miedo de usar el péndulo para hacer preguntas simples de este tipo, ya que es una gran manera de conectar y formar un fuerte vínculo con tu ser superior y ver mejor cómo funciona tu péndulo para ti. Practicar con preguntas simples, en realidad, te ayuda a ganar confianza, seguridad y paciencia con el péndulo, permitiéndote crecer y desarrollarte en la adivinación para ti y para otros.

ESTADO MEDITATIVO

¿Recuerda las películas o los programas de televisión en los que un mago giraba su reloj de bolsillo, delante de la cara de alguien, para hipnotizarlo? Hay algo de verdad en eso, ya que puedes utilizar tu péndulo para entrar en un estado de meditación. El movimiento oscilante del péndulo te ayuda a centrar tu atención y lleva tu mente a un estado de relajación. Ayuda a eliminar los fatigosos pensamientos cotidianos que se agolpan constantemente en tu cabeza. A algunas personas les resulta difícil sentarse en el suelo con las piernas cruzadas y concentrarse en la respiración como forma de meditación. El péndulo puede ser una alternativa más fácil. La meditación requiere mucha práctica, en especial en los tiempos que corren, ya que nuestras vidas están ridículamente ocupadas y nuestras mentes también. Es difícil para nuestros cerebros parar y estar en calma. Tener una herramienta como el péndulo para ayudarnos a concentrarnos, relajarnos y detener los pensamientos estresantes es una gran manera de empezar una meditación.

Para utilizar el péndulo en la meditación, sostenlo delante de ti y deja que se mueva libremente. Puede desplazarse de lado a lado o de forma circular. Centrarse en esto es una forma maravillosa y relajante de entrar en un estado theta de actividad de las ondas cerebrales. Este es el estado más tranquilo de las ondas cerebrales. A lo largo del día tus ondas cerebrales suelen estar en el estado beta normal o en el estado alfa alto, si estás ansioso o estresado. Al meditar, puedes ralentizar tus ondas cerebrales, llevándolas por debajo del estado beta y entrar en el bendito estado theta. El estado theta permite al cerebro calmar los pensamientos cotidianos y mundanos que pasan por la cabeza. Este estado crea calma y paz, y allana el camino para que puedas conectar fácilmente con tus guías espirituales y aliviar la ansiedad, el estrés y el caos de tu vida. Es importante permitir que el cuerpo entre en este espacio meditativo, para que se sosiegue y relaje los músculos, los órganos, las emociones, el sistema nervioso y el sistema hormonal.

HERRAMIENTA DE ADIVINACIÓN

La adivinación es el arte de buscar el conocimiento de lo que nos depara el futuro y de pedir consejo a fuentes superiores. La adivinación puede lograrse mediante el uso del péndulo, al igual que el de las cartas del oráculo/tarot, las runas, la mediumnidad, la adivinación, la lectura de hojas de té, etcétera. Me parece que resulta más fácil ofrecer orientación con el péndulo para otras personas, ya que entonces tiendo a no tener una visión sesgada sobre el resultado. Si haces una pregunta personal muy importante y que te afecta de lleno como «¿Me quedaré embarazada este año?», puede que esperes una respuesta determinada. Si acabas de empezar a utilizar el péndulo, es más probable que la respuesta se mueva hacia lo que deseas, porque estás emocionalmente involucrado en lo que quiere que sea la respuesta. Confiar en que estás utilizando el péndulo correctamente lleva tiempo. Debes comenzar haciendo preguntas muy sencillas, tal como se mencionó anteriormente, y acostumbrarte a cómo funciona el péndulo en tu caso concreto. Practicar la confianza con el péndulo en realidad significa practicar la confianza dentro de ti mismo, para permitirte permanecer enfocado, relajado y abierto de mente. Créeme, tu ser superior sabe cuando no estás en el estado mental adecuado para usar el péndulo porque -como en mi caso- ¡no se mueve en absoluto o, literalmente, oscila por todas partes!

Recuerda que utilizar el péndulo para predecir el futuro es como recurrir a cualquier otra herramienta de adivinación: las respuestas que recibas ahora no siempre serán el verdadero resultado en el futuro. Tu vida siempre se mueve dentro de tu libre albedrío, y las respuestas que obtengas serán relevantes solo para el aquí y ahora. Tus guías espirituales conocen el mejor resultado para ti y el mejor camino que puedes seguir. Está bien tener pensamientos diferentes de los que tienen tus guías espirituales; después de todo, eres humano. Los guías espirituales están aquí para guiarte en la dirección correcta, pero tú estás viviendo una vida en el aquí y ahora, rodeado de muchas influencias, distracciones y expectativas. Mantenerse en el camino de la vida y ser fiel a uno mismo, no a los demás, puede ser difícil. Si te mantienes fiel a tu corazón y a ti mismo, guiarte con tu péndulo será fácil.

CON OTRAS HERRAMIENTAS DE ADIVINACIÓN

Me encanta usar mi péndulo con mis cartas de oráculo, tarot y runas. Todos los días saco algunas cartas como guía diaria para mí misma. Lo que me gusta hacer es coger mi péndulo y colocar mis barajas en círculo, asegurándome de que haya un número impar de barajas, para poder saber hacia qué baraja oscila el péndulo (los diagramas de círculos de péndulo del capítulo 6 dan buenos ejemplos de esto). Otro método que utilizo es coger algunas barajas y preguntarle a mi péndulo sí o no, mientras se cierne sobre cada baraja. El péndulo me ayudará entonces a elegir la baraja adecuada para la orientación que necesito ese día. A veces me abruma la elección de barajas (¡me encanta comprar barajas de todo tipo!), y a veces, simplemente, confío en mi péndulo para que elija por mí.

También hago preguntas al péndulo del tipo: «¿Debo sacar dos cartas hoy?». «¿Es esta la pregunta adecuada para mí en este momento?» «¿Estoy interpretando correctamente la orientación de las cartas?» Y así con todo. Lo mejor de usar un péndulo junto con otras herramientas oraculares es que hay infinitas formas de obtener orientación. No todo el mundo es igual, así que tener un método individual que se adapte a ti es la mejor manera de trabajar con tu intuición, tu yo superior y tus guías. No hay un único camino correcto en tu viaje espiritual; experimenta, explora y disfruta.

MODALIDADES DE CURACIÓN ENERGÉTICA

EQUILIBRIO DE CHAKRAS: Utilizo el péndulo como parte de mis sesiones de reiki y equilibrio de chakras, para evaluar cada chakra antes de trabajar con mis clientes. Los chakras son discos giratorios u orbes de energía vital que se encuentran en tu campo aural. Hay muchos cientos de chakras en tu campo energético, pero existen siete chakras principales que se alinean en el centro de tu cuerpo donde se cruzan los meridianos. Estos siete chakras están asociados con ciertas partes del cuerpo, emociones, dolencias físicas, situaciones de la vida, pensamientos mentales y desarrollo espiritual. Si alguno de estos chakras está bloqueado, puede causar importantes trastornos y perturbaciones en la vida. Los discos de los chakras tienen colores diferentes y vibran a velocidades distintas, lo que los hace únicos. Cada chakra tiene un color asignado y cristales correspondientes. Cuando se coloca el péndulo sobre un chakra, a unos centímetros por encima del cuerpo, girará en un movimiento circular en el sentido de las agujas del reloj si el chakra está equilibrado. Si el chakra está desequilibrado o bloqueado, el péndulo girará en un patrón lateral irregular o no girará en absoluto.

Si encuentras un chakra desequilibrado, gira el péndulo sobre él tres veces en el sentido de las agujas del reloj, luego tres veces en sentido contrario y de nuevo tres veces en el sentido de las agujas del reloj. Esto cambia y altera la energía estancada, de modo que el chakra puede volver a girar libremente, permitiendo que vuelva la tranquilidad a la propia vida. Una vez que haya desplazado la energía alrededor del chakra, vuelve a colocar el péndulo sobre el chakra y observa si gira libremente en el sentido de las agujas del reloj. Si no es así, repite el proceso hasta que lo haga. Una vez que el chakra esté equilibrado, coloca el cristal apropiado sobre la zona, para impulsar el proceso de curación. Yo hago esto antes de una sesión de Reiki, ya que siento que es un impulso adicional de curación, pues los cristales trabajan su magia mientras le doy Reiki al cliente.

REIKI: El Reiki es un tipo de curación que utiliza la energía de la fuerza vital con la que el practicante está «sintonizado» a través de una serie de símbolos, por un maestro de Reiki. Durante una sesión de Reiki el practicante emite esta energía vital a través de la coronilla (el chakra de la coronilla) y de las manos, hacia el cliente. No es invasivo, es muy relajante y ayuda en el proceso de curación física, emocional, espiritual y mental del cliente. Utilizo el péndulo en las sesiones de equilibrio de chakras y para evaluar qué parte del cuerpo de un cliente necesita más sanación mental, emocional o espiritual; algo que no es tan evidente como las dolencias físicas. Me gusta empezar por la coronilla del cliente y mover lentamente el péndulo por el cuerpo para ver dónde necesito prestar más atención. Al igual que ocurre con los chakras, las zonas físicas del cuerpo están relacionadas con las emociones, los acontecimientos vitales, las situaciones de vidas pasadas, el desarrollo espiritual, etc. Estas zonas físicas pueden ayudar a identificar lo que hay que tratar en la vida. Cuando coloques el péndulo sobre el cuerpo de un cliente, observa dónde gira o empieza a moverse, ya que esto puede ser una indicación de lo que el cliente necesita sanar. También puedes hacerlo contigo mismo.

Por lo normal con estas sesiones que implican el uso del péndulo, puedo enfocar la energía Reiki en un área en particular y recibir mensajes de mis guías espirituales o de los guías del cliente para ayudar con el proceso de sanación del cliente. La mayoría de las veces algo tan simple como un nombre o una palabra puede ayudar en grado sumo a la curación. A veces los clientes rompen a llorar y, de repente, les viene a la cabeza un torrente de pensamientos e ideas que nunca antes se les habían ocurrido. Estos brotes liberan energía negativa, que se dispersa rápidamente, y los clientes se encuentran en el camino de la curación de una situación concreta de sus vidas.

Una de mis clientas se sentía decaída, como si necesitara un descanso de ser madre. Pasé el péndulo sobre su cuerpo muy despacio y al llegar a sus hombros, el péndulo empezó a girar en sentido contrario a las agujas del reloj, lo que indicaba bloqueo. Mientras enfocaba la energía Reiki en sus hombros, sentí un peso inmenso en mis propios hombros, por lo que estaba sintiendo lo mismo que ella. El peso empezó a disminuir después de unos minutos de sanación energética y finalmente desapareció. Recibí palabras de guía de mis guías espirituales mientras atendía los hombros de la clienta acerca de su hermana y las circunstancias familiares; y cuando le transmití los mensajes después de la sesión, ¡simplemente lloró! Estaba liberando lo que había estado albergando en su interior durante tanto tiempo que ni siquiera era consciente de que lo estuvo reteniendo. Empezó a abrirse y dejó que las palabras fluyeran hasta que su cara resplandeció. Se dio cuenta de a qué se debía realmente el peso que llevaba sobre los hombros y, una vez que lo hizo, se sintió mucho más ligera y feliz; pudo centrarse en cambiar y afrontar su vida con más autenticidad.

No siempre uso el péndulo con mis clientes de Reiki, ya que este proceso puede llevar algún tiempo. Dejo que mi intuición me dirija con cada cliente y, si tengo la sensación de que necesito la ayuda de mi péndulo, entonces lo utilizaré.

Los clientes son los verdaderos sanadores de sí mismos. Nosotros, como practicantes de Reiki o de cualquier modalidad de sanación energética, solo estamos ayudando a facilitar la sanación. Recuerda que el uso de péndulos o cualquier forma de oráculo solo tiene la intención de orientar sobre la curación, y nunca debe utilizarse para anular o sustituir el consejo de los profesionales médicos.

CONECTA CON TUS GUÍAS ESPIRITUALES

Si, a través de la meditación, te resulta difícil contactar con tus guías, ángeles o cualquier persona con la que sintonices espiritualmente, ¡quizá puedas utilizar el péndulo para conocerlos! Hazles preguntas de sí/no, del tipo: «¿Sois más de dos?» «¿Sois más de cinco?» A medida que progreses, puedes ir concretando las preguntas para obtener una respuesta más estructurada. Si te pones en contacto con tus guías espirituales a través de la meditación, pero deseas una respuesta más específica a las visiones que puedes recibir, entonces pregunta y acota con el péndulo.

Por ejemplo, tuve una visión de cocinas en una de mis sesiones de meditación y no entendía por qué las veía, ya que no me gusta cocinar y preferiría hacer un millón de cosas distintas. Así que le pregunté a mi péndulo si debía pasar más tiempo en la cocina. Y el péndulo dijo que sí. Entonces le pregunté si era porque necesitaba centrarme más en mi dieta. Y el péndulo respondió otro sí. Entonces pregunté si debía centrarme en sanar mi sistema digestivo cocinando mejor y de nuevo la respuesta fue sí. Sé que parece un ejemplo sencillo, pero tendemos a pasar por alto lo que es importante para nuestro cuerpo, porque todos estamos demasiado ocupados con todo lo demás. Tendemos a no escuchar a nuestro cuerpo, aunque nos de señales a gritos. En mi caso, mis señales eran calambres estomacales. Este es un buen ejemplo de cómo trabajar con el péndulo en tus sesiones de meditación puede ser tan valioso.

También puedes hacer un círculo con las letras del alfabeto (hay uno en el capítulo de los círculos del péndulo). Podrías hacer una pregunta a tus guías/ tu yo superior y permitir que el péndulo deletree la respuesta balanceándose hacia las letras. Esto requiere tiempo, paciencia y práctica, pero es una buena manera de comunicar exactamente cuál puede ser la respuesta. Esto no es un tablero de Ouija y no traerá entidades malas o negativas, así que no tengas miedo de usarlo.

Limpieza energética

Existen muchos métodos para limpiar la energía negativa, estancada y no deseada de los espacios y las personas, y utilizar un péndulo es uno de ellos. Me gusta limpiar de forma regular la energía negativa de mi casa, como la energía de entidades que aún están presentes en este reino, la negatividad, etcétera. Tal vez queda mala energía después de una discusión con un ser querido, o energía estancada y no deseada de otras personas que pueden haber visitado o que pueden estar alrededor de la propiedad, como, por ejemplo, los vecinos.

Siéntate cómodamente en un área de tu casa (a mí me gusta sentarme en el centro de mi casa) y sostén el péndulo frente a ti. Pídele al péndulo que, por favor, elimine cualquier energía negativa, estancada y no deseada de la casa y que esta energía sea trasladada a las profundidades de la tierra para su transmutación. La energía negativa cambiará en la tierra y se convertirá en energía positiva, en un proceso llamado transmutación perpetua, en el que la energía está siempre en movimiento y cambiando de forma. Elijo la tierra para transmutar la energía, porque siento que la tierra que hay debajo de nosotros nos da nueva vida; por lo tanto, la energía negativa recibe nueva vida.

El péndulo se moverá de forma diferente para cada persona, así que solo tienes que sentirlo y dejar que gire como quiera. Para algunos, empezará a girar en sentido contrario a las agujas del reloj; para otros, puede girar en un movimiento de adelante hacia atrás o de lado a lado. No importa en qué sentido gire el péndulo; sigue despejando la energía. Al mío le gusta hacer una combinación de todos los movimientos: mi péndulo empieza moviéndose en un movimiento de adelante hacia atrás, luego cambia a un movimiento de lado a lado y después a un movimiento en sentido contrario a las agujas del reloj durante unos cinco minutos. Puedes visualizar el flujo de luz blanca que viene de arriba y te rodea mientras haces esta limpieza. Mientras el péndulo oscila, visualiza la energía negativa mezclándose con la luz blanca y luego fluyendo hacia el suelo debajo de ti.

El péndulo empezará entonces a reducir su velocidad y a moverse en una dirección diferente, una vez que haya limpiado la energía. Así que, en este punto, el mío empezará a girar en el sentido de las agujas del reloj, trayendo energía positiva. Si la tuya se había movido en dirección arriba-abajo, entonces se moverá en dirección de lado a lado, y viceversa, una vez que la energía negativa y no deseada se haya limpiado. También es muy importante que pongas tu intención en el proceso de eliminar esta energía no deseada de tu espacio, ya que al hacerlo aumentan los efectos positivos y los resultados finales.

CONTACTO CON ANIMALES

El péndulo puede utilizarse para conectar con los animales. Tal vez sepas que algo va mal con tu mascota: no tiene buen aspecto; no come; está aletargada. Podrías hacerle preguntas sobre tu mascota o sobre otro animal en cuestión, o podrías explorar su cuerpo con el péndulo lentamente y fijarte en dónde gira el péndulo. El giro puede indicarte problemas internos que quizá deban ser tratados por un veterinario.

ORIENTACIONES DIETÉTICAS

Utilizar el péndulo puede ser una forma estupenda de comprobar lo frescos y sanos que son los alimentos. ¿Alguna vez has comprado carne etiquetada como de origen sostenible y ecológica, pero realmente quieres asegurarte antes de consumirla? Pregúntele al péndulo. Lo mismo ocurre con las frutas y verduras: pregúntale al péndulo lo frescas que son, si están cargadas de pesticidas (aunque lleven la etiqueta «sin pesticidas»), si esas verduras y frutas en concreto son lo que necesitas en tu dieta en ese momento, etcétera. Si crees que puedes tener una intolerancia o sensibilidad a un determinado alimento o grupo de alimentos, puedes preguntar al péndulo cuando empieces a sentir síntomas; no obstante, consulta siempre a un profesional médico antes de cambiar tu dieta o autodiagnosticarte.

¿Te gustaría saber si el agua que está consumiendo es apta para el consumo, sobre todo si estás de viaje? Pasa el péndulo por encima del vaso y pregunta: «¿Es seguro beber esta agua?»

Me gusta preguntarle al péndulo qué tipo de alimentos necesita mi cuerpo: «¿Necesito más alimentos ricos en hierro?» «¿Necesito incorporar más Omega 3 a mi dieta?» «¿Mis calambres estomacales se deben a que como demasiados alimentos ricos y pesados?» Puede parecer información muy básica que deberíamos conocer sobre nuestro cuerpo, pero a veces solo necesitamos un empujón adicional guiado para mantener este mejor.

LOCALIZACIÓN SOBRE MAPAS

Como ya hemos mencionado, la radiestesia con péndulo se ha practicado a lo largo de la historia para localizar recursos naturales. Pero, ¿sabías que puede hacer lo mismo para localizar animales perdidos, llaves, etc.?

Quizá no estés seguro de dónde te gustaría trasladarte próximamente o estés un poco perplejo sobre dónde deberían ser tus próximas vacaciones. Si es así, imprime un mapa que se ajuste a lo que necesita y pídele al péndulo que gire o que simplemente haga algún movimiento sobre su respuesta. Desliza lentamente el péndulo sobre el mapa hasta que empiece a moverse por ti.

El péndulo puede ayudarte a guiarte en tu vida diaria y más allá. Tómate el tiempo necesario para poner tu energía en tu péndulo. Cuanto más trabajes con él, más fuerte se hará tu vínculo y con mayor facilidad oscilará el péndulo. Como todo, el péndulo funciona mejor con la práctica.

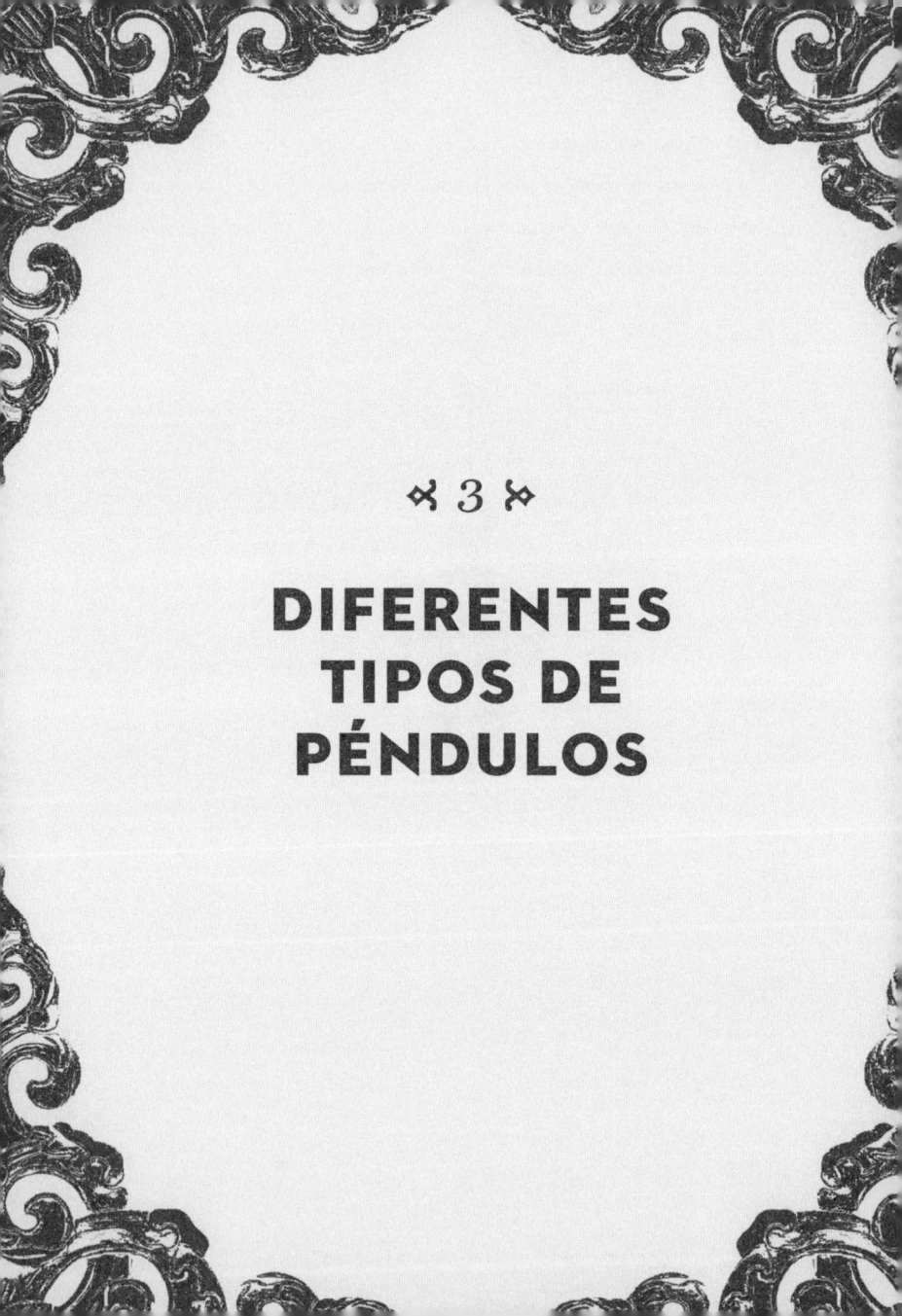

❖ 3 ❖

DIFERENTES TIPOS DE PÉNDULOS

EXISTEN TANTOS TIPOS DIFERENTES DE PÉNDULOS, QUE puede resultar un poco abrumador el elegir uno. Hay diferentes formas, cristales, metales, opciones de cuerda, longitudes, adornos añadidos y mucho más, y todos ellos con diferentes significados y propiedades energéticas añadidas. Al fin y al cabo, tienes que elegir uno con el que sintonices. Tengo muchos péndulos porque, al principio de mi viaje espiritual, me atraían mucho. Me encantaba la idea de utilizar un péndulo como herramienta de adivinación, así que compré todos los que pude, pensando que ¡cuantos más, mejor! No es así en absoluto. No sintonizo para nada con algunos de los que tengo, aunque sean preciosos. Cuando los uso, siento una falta de conexión dentro de mí, y los resultados que obtengo de ellos son sin movimiento o no tienen un *swing* claro. Suelo regalárselos a alguien que sí resuene con ellos.

¿Cómo saber si tienes una fuerte conexión con un péndulo? La sensación de conexión es diferente para cada persona pero, a partir de mi experiencia, la clave está el momento en que lo veo y lo sostengo. Que un péndulo te parezca bonito no significa que vaya a funcionar contigo. Es exactamente como con una baraja de cartas del tarot o del oráculo: necesitas sintonizar y notar un fuerte sentimiento, en tu interior, de que la herramienta de adivinación que has elegido va a funcionar contigo y con tu energía. Me gusta pensar en los péndulos y en cualquier otra herramienta de adivinación como si fueran personas. Cada uno tiene su propio campo de energía; y hay personas con las que conectamos y de las que nos hacemos grandes amigos, y hay otras con las que no conectamos porque nuestro campo de energía y el suyo simplemente no se alinean. Esto no quiere decir que ciertas personas, o péndulos, sean horribles o tengan mala energía. Simplemente hay energías con las que conectas fácilmente y energías con las que no.

Antes de comprar un péndulo, es importante sostenerlo y sentir realmente la energía del péndulo junto a la tuya. Si tienes una sensación inmediata de buenas vibraciones y de una fuerte conexión, entonces ese es el péndulo para ti. Si has encontrado uno en Internet (que es tan cómodo y ofrece una selección mucho mayor para elegir), usa tu intuición y elige uno que te llame inmediatamente la atención. No lo pienses demasiado. Déjate llevar por la corriente de tus pensamientos y sentimientos hacia ese péndulo.

Tengo tres péndulos principales que utilizo: una lágrima de cuarzo transparente para mis clientes de Reiki y equilibrio de chakras, un péndulo de amatista de doce lados que utilizo para trabajos de adivinación, y un péndulo hecho a mano de cuarzo transparente en bruto y adornado, que llevo conmigo en el bolso, para utilizarlo sobre la marcha. Sin embargo, también tengo un cuenco lleno de ellos, y hay veces en las que, sencillamente, necesito usar otro péndulo, así que cojo uno de mi cuenco. Todos son diferentes, pero funcionan según el mismo principio básico. Cada uno tiene un elemento único (por lo general, el tipo de cristal) que lo hace ideal para diferentes formas de uso, debido a los diferentes campos de energía y vibración de cada péndulo en particular.

Veamos los distintos tipos de formas y materiales de los péndulos.

FORMAS

Los péndulos vienen con diferentes formas y tamaños, y la variedad puede causar confusión para el principiante que hace la elección. No te preocupes demasiado. Hay razones para las diferentes formas; pero cualquier péndulo funcionará, siempre y cuando sintonices con él. Los péndulos no son más que transmisores de información de tu yo superior; no son los que tienen las respuestas. Recuérdalo cuando compres uno y no lo pienses demasiado. Me gusta utilizar formas diferentes para cada área de práctica, tan solo porque cada péndulo tendrá una energía determinada para el tipo de uso que le doy. Por ejemplo, uso mi lágrima de cuarzo transparente para la curación, ya que encuentro esta forma fácil de usar para mis clientes.

Necesitas conectar con tu péndulo, así que, si ves un péndulo hexagonal de amatista y te sientes de inmediato atraído por él, ¡utilícelo! Las diferentes formas y tamaños de los péndulos son meramente orientativos. Pueden ofrecer más al péndulo-respuesta resultado, que he notado en mi práctica, pero tú necesitas utilizar TU intuición siempre. Algunos péndulos son mucho más difíciles de usar que otros; otra vez, esto es tan solo una experiencia personal, y por lo general me estaré refiriendo al péndulo para principiantes con forma de sencilla lágrima, ya que es fácil de usar. Tiene el peso y la forma perfectos para mostrar respuestas claras.

Veamos las diferentes formas de péndulos que puedes comprar.

LÁGRIMA INVERTIDA

El péndulo de lágrima es el más común de los péndulos que vas a encontrar en la mayoría de las tiendas de Nueva Era/ocultismo, tanto físicas como *online*. Está disponible en una gran variedad de cristales y piedras preciosas, y suele colgar de una cadena chapada en oro o plata, con una cuenta en el extremo para facilitar el agarre. El péndulo de lágrima oscila bien, porque la punta estrecha de la lágrima está en la parte inferior y la parte más ancha está sujeta a la cadena, por lo que la lágrima está invertida, lo que permite un movimiento suave de oscilación. También se los conoce como péndulos para principiantes, ya que son fáciles de usar. El péndulo también puede tener la forma de una lágrima real, por lo que la punta estrecha de la parte superior está unida a la cadena y la parte redondeada está en la parte inferior. Sin embargo, son menos comunes y mucho más difíciles de balancear.

CÁMARA/MERMET

Estos péndulos suelen tener forma de lágrima invertida, y cuentan con una abertura en la parte superior para introducir en ellos cualquier cosa que consideres que mejorará tu experiencia adivinatoria. También se los conoce como Mermet, ya que fue Abbe Alexis Mermet quien inventó este tipo de péndulo durante su trabajo, en la década de 1930. Pueden estar hechos de materiales tales como madera, metal (plata, latón, cobre), vidrio o cristal.

La idea del péndulo con cámara está en mejorar la experiencia de adivinación colocando en ella cristales, hierbas, aceites o cualquier objeto que pertenezca a la persona para la que estás utilizando el péndulo, como puede ser un trozo de pelo o una joya. La cámara es bastante pequeña, por lo que cualquier cosa que utilices tendrá que ser relativamente compacta. Al colocar los objetos en la cámara, tu energía y tus intenciones se mezclan con la energía de los objetos que introduces, y eso se traduce en algo así como un aumento del poder del péndulo.

Aquí te presento algunas maneras en las que puedes intensificar tu péndulo, añadiendo elementos que tienen componentes energéticos mágicos y específicos en relación con lo que quieres preguntar. Cuando agregas estos componentes a la vez, lo que haces es potenciar las energías que participan a la hora de generar el movimiento del péndulo.

✳ Mejorar el contacto con el mundo de los espíritus: añade una pizca de artemisa, ajenjo, trocitos de amatista o pequeños cristales y unas gotas de aceite esencial de incienso.

✳ Limpieza energética: añade una pizca de salvia, romero, sal del Himalaya, virutas de turmalina negra o pequeños cristales y unas gotas de aceite esencial de pino o árbol del té.

✳ Adivinar para otra persona: añade un trozo de papel con el nombre de la persona, trocitos de cuarzo transparente o pequeños cristales y unas gotas de mirra. Asegúrate siempre de contar con el permiso de la persona antes de empezar.

✳ Adivinar sobre el amor: añade una pizca de pétalos de rosa, mejorana, jazmín, trocitos de cuarzo rosa o pequeños cristales y unas gotas de aceite esencial de flor de cananga o rosa. El mejor día para preguntar a tu péndulo sobre el amor es un viernes, ya que es el día mágicamente asociado con el amor.

❋ Meditación: añade una pizca de resina de mirra, sándalo, incienso, trocitos de cuarzo transparente o pequeños cristales y unas gotas de aceite esencial de menta.

❋ Curación/trabajo físico: añade una pizca de lavanda y romero, un trocito de cristal de piedra de sangre y unas gotas de aceite esencial de eucalipto.

❋ Adivinar en tema profesional: añade una pizca de albahaca, canela o caléndula, un trocito de citrino o jade y unas gotas de aceite esencial de incienso.

ENJAULADO

Los péndulos enjaulados funcionan de forma muy parecida a los péndulos con cámara, pero normalmente son abiertos, para que puedas ver lo que hay en su interior, mientras que los péndulos con cámara suelen estar cerrados, lo que facilita la adición de hierbas y otros objetos pequeños. Los péndulos enjaulados permiten añadir objetos más grandes, como cristales o cualquier cosa que quieras poner dentro. Esta forma es muy popular para el trabajo con los chakras, ya que se puede cambiar el cristal de la jaula para correlacionarlo con el chakra que se está equilibrando. Por ejemplo, puedes añadir cuarzo transparente para el coronal, amatista para el tercer ojo, ágata *blue lace* para la garganta, aventurina verde para el corazón, citrino para el plexo solar, cornalina para el sacro y jaspe rojo para el chakra base.

HEXAGONAL

Estos péndulos tienen seis lados tallados y una forma general similar a la de un péndulo en forma de lágrima. Algunas personas dicen que se parecen a una colmena. Existen muchas variedades diferentes de péndulos hexagonales para elegir, algunos de ellos fabricados con diferentes cristales y piedras preciosas. El hexágono es un símbolo de conexión, armonía y equilibrio. Muchos utilizan este tipo de péndulo con fines curativos, ya que se cree que la forma hexagonal puede detectar desequilibrios y dolencias en el cuerpo con mayor facilidad. Recurre a diferentes tipos de cristales para ayudar a curar diferentes tipos de dolencias; por ejemplo, utiliza rodonita para ayudar a curar cicatrices emocionales y heridas de vidas pasadas.

SEPHOROTON

El péndulo sephoroton cuenta con una esfera redonda con una punta de metal en la parte inferior. Este tipo de péndulo es muy sensible a las vibraciones debido a la punta metálica puntiaguda y a la simetría de la esfera en la parte superior, por lo que se le conoce por ser especialmente preciso. La forma esférica del cristal irradia energía desde todos los ángulos, haciendo que la conexión con tu energía sea más fuerte, y la punta de metal puntiaguda conecta con la tierra que hay debajo. Debido a la sensibilidad de las vibraciones que reciben, estos péndulos son muy precisos y unos de los más fiables y hermosos que puedes conseguir.

CURATIVO DE DOCE LADOS

Estos péndulos se utilizan del mismo modo que los péndulos hexagonales. Tienen doce bordes tallados y una punta de metal puntiaguda en el extremo. Muchos están grabados con diferentes símbolos de Reiki, chakras y otros símbolos metafísicos. Se utilizan en trabajos de sanación y adivinación. Yo uso mi péndulo de amatista de doce lados que tiene un pentáculo grabado para trabajos de adivinación con mis guías espirituales.

MERKABAH

El merkabah es una forma compleja que se basa en la geometría sagrada y de la que se dice que tiene la forma de una estrella tridimensional de David: dos pirámides fusionadas para formar una estrella tridimensional de ocho puntas. La palabra *merkabah* procede del egipcio antiguo: *mer* = luz, *ka* = espíritu y *ba* = cuerpo. La merkabah contiene la conexión con todas las formas de vida y espíritu que rodean nuestro campo energético. La pirámide hacia arriba -también conocida como la energía masculina y el yang- nos conecta con lo divino, mientras que la pirámide hacia abajo -la energía femenina y el yin- nos conecta con la tierra. Este es un buen péndulo que usar para crear conexiones superiores con el reino espiritual, así como para protección y sanación; sin embargo, algunas personas encuentran que este tipo de péndulo es más difícil de mover.

MATERIALES

Existen muchos tipos diferentes de materiales que se utilizan para hacer péndulos, desde cristales hasta metal, pasando madera e incluso anillos y llaves. Se puede hacer un péndulo con cualquier cosa, siempre que haya un peso en el extremo de una cuerda que lo haga oscilar. Sin embargo, si quieres trabajar con un péndulo y formar un vínculo fuerte con él, querrás que sea algo bonito y que tenga más fuerza que una simple llave. Entonces, ¿cómo eliges qué tipo de cristal usar al final? ¿O vas a utilizar madera o metal? Al igual que las diferentes formas que tienen los péndulos, los materiales de los que están hechos ofrecen diferentes habilidades a la hora de emplearlos. Los péndulos son transmisores de energía que se traducen en respuestas, así que no salgas corriendo a comprar todos los péndulos diferentes que se encuentran en el mercado solo porque uno es mejor para la curación y otro es mejor para la adivinación. Tienes que tener, ante todo, una conexión con el péndulo y el resto es un extra. Así que usa estas líneas como una guía a la hora de determinar qué tipo de péndulo puedes estar buscando; si una lágrima de amatista no sintoniza contigo para el trabajo de adivinación, ¡no la uses!

Los péndulos de cristal son maravillosos porque cada cristal tiene una energía diferente, una vibración diferente y propiedades únicas que pueden ayudar y amplificar la energía para la que se utiliza el péndulo. Un ejemplo sería el uso de un péndulo de cuarzo rosa para ayudar en cuestiones relacionadas con el amor, el romance y la amistad. Tú tan solo has de añadir un impulso de curación energética en los niveles mental, físico, emocional y espiritual del cuerpo y la mente, y ayuda así a tu yo superior y a tus guías.

Lo mismo puede decirse del uso de péndulos de cobre, latón, plata, oro y acero. Todos estos son maravillosos conductores naturales de energía, y proporcionan una fuerte oscilación al péndulo gracias a las energías magnéticas de los materiales a la energía del núcleo de la tierra y su propio campo energético. Estos péndulos son más fuertes que los de cristal y resultan más fáciles de transportar porque no se dañan tan fácilmente.

La madera también se utiliza y es muy popular en los péndulos de cámara. La madera es ligera y resulta otro maravilloso conductor natural de energía, pero no almacena la energía tan bien como los metales y los cristales. A cambio, es más ligera y puede ser un poco más fácil para el principiante.

Veamos los diferentes materiales y por qué se utilizan:

CRISTALES

Son preciosos y tienen un aspecto mágico y místico. Hay tantos cristales que prácticamente se puede hacer un péndulo de cualquier tipo, pero aquí te presento los más comunes del mercado.

AMATISTA

¡La amatista es uno de mis cristales favoritos! Es morada, bonita, fácil de comprar y muy energética. La amatista es parte de la familia del cuarzo y se puede encontrar en casi todas la formas y tamaños. Tiene la capacidad de eliminar la energía negativa y atraer la positiva, que es exactamente lo que se necesita para el trabajo con el péndulo. La amatista es conocida por mejorar la meditación, aliviar el estrés, mejorar las habilidades psíquicas y el crecimiento espiritual, sacar esa voz interior que está dentro, proteger de los ataques psíquicos, purificar el aura, ayudar a las curaciones y limpiar la energía para eliminar los sentimientos de miedo, ira y rabia.

Me encanta utilizar la amatista para mi trabajo de adivinación. Las propiedades de alta vibración de este cristal son increíbles para establecer contacto con un equipo espiritual, lo que yo llamo mi equipo «sabiduría del más allá». La amatista también estimula los chakras del tercer ojo y de la coronilla. Cuando utilizo este tipo de péndulo para responder preguntas de adivinación para otros, casi siento que la energía cambia cuando lo sostengo. Si te sienta bien, úsalo, ¡y este cristal me sienta bien a mí!

La amatista es una piedra de altas vibración y conexión espiritual, por lo que las energías de este cristal en la parte inferior de tu péndulo potencian el contacto que tienes con tu yo superior y lo divino. Este te permite trabajar con tus guías para responder mejor a tus preguntas. También te ayuda a entrar en un estado meditativo más fácilmente, gracias a los efectos relajantes y las altas vibraciones de la piedra. Tan solo has de balancear el péndulo frente a tu cara y observar el movimiento de oscilación. La amatista te ayuda a superar esa mente tan ocupada que tienes, a entrar en un estado de relajación, a eliminar los pensamientos negativos y a permitir que entren pensamientos amorosos y tranquilizadores. Este cristal es maravilloso para limpiar la energía negativa de una habitación u otro espacio, porque la amatista no solo atrae la energía amorosa sino que también repele las energías negativas.

OBSIDIANA NEGRA

La obsidiana negra es una piedra maravillosamente protectora que se forma a partir de lava volcánica. Se asocia con el chakra raíz. La obsidiana negra es una magnífica piedra de enraizamiento que mejora la protección de su campo energético, ayuda a sacar esa sabiduría interior que lleva dentro y permite un mayor autocontrol. Te ayuda a profundizar en tu mente subconsciente, permitiéndote ver el lado más oscuro de ti mismo y desbloquear y liberar la verdad. Utilizar este cristal como péndulo es ideal para el *trabajo con las sombras*, que te ayuda a ver el aspecto de ti mismo que normalmente dejarías de lado o ignorarías, o que simplemente no puedes ver. Hazle preguntas a tu péndulo del tipo: «¿Me siento agitado porque mi pareja está siendo egoísta?» o

«¿Me siento enfadado porque el dependiente del mostrador de la tienda ha sido grosero conmigo?» El trabajo con las sombras tiene muchas posibilidades, pero, para decirlo en pocas palabras: los comportamientos de los demás (como pueden ser la ira, el egoísmo, la grosería, las tendencias molestas, el exceso de complacencia, etc.) y que nos afectan de forma irritante reflejan nuestro propio lado oscuro. En general, lo que encontramos ofensivo en los demás nos incomoda o somos incapaces de reconocerlo en nosotros mismos. Cuando profundizamos en nuestro interior, descubrimos que estos comportamientos en los demás son en realidad reflejo de los nuestros, que simplemente ignoramos. La obsidiana negra puede ayudar a extraer lo que necesitamos cambiar de nosotros mismos a un nivel profundo.

CITRINO

El citrino es la piedra de la felicidad y la abundancia. Esta piedra amarilla de la bondad es una forma de cuarzo asociada al chakra del plexo solar. El citrino es un cristal maravilloso para la toma de decisiones, la transformación de la energía negativa en positiva, la creatividad, el aumento de la autoestima y la confianza en uno mismo y la eliminación de la negatividad emocional. El citrino libera bloqueos y es increíblemente energizante y transformador cuando se trata de limpiar tu campo energético y el de otros cristales también.

El citrino es un compañero maravilloso para utilizarlo cuando se quiere *manifestar*. Manifestar es la forma que tienes de querer provocar, visual e intencionalmente, un cambio a tu vida o tener algo que te gustaría tener, como puede ser un coche nuevo, un mueble o un nuevo amigo. Usa tu péndulo sobre tu tablero de visión, o cualquier otra clase de herramienta de manifestación, para ayudar realmente a crear «agitación» de magia y poder de manifestación. Me gusta mover mi péndulo de citrino en el sentido de las agujas del reloj sobre mi tablero visual de manifestación mientras visualizo en el ojo de mi mente exactamente lo que quiero. Entonces, libero mi resultado deseado como una espiral hacia el reino divino para la creación. El citrino mejora la concentración y el enfoque mental (es ideal para escritores, artistas, estudiantes y profesores, o simplemente para tener en tu escritorio para ganar claridad mental y enfoque en el trabajo). Si sientes que tu mente está un poco dispersa, coge tu péndulo de citrino y utilízalo como herramienta de meditación para volver a centrar tu mente. Siéntate y obsérvalos oscilar durante unos minutos, y luego continúa -con la mente fresca- con lo que estabas trabajando.

Grandes preguntas que podemos hacer con este péndulo serían todo lo relacionado con la creación de más abundancia, riqueza, los negocios, el éxito, la felicidad, y así sucesivamente.

Cuarzo transparente

El cuarzo claro es el cristal más conocido que encontrarás. Este cristal puede canalizar cualquier tipo de energía; así que, si no estás muy seguro de qué cristal usar o si eres nuevo en el mundo de los cristales, no busques más allá del cuarzo claro. Es el maestro sanador de los cristales. Abre todos los chakras, pero especialmente el de la coronilla, debido a su alta vibración. Esta piedra amplifica las energías de todos los demás cristales, por lo que funciona maravillosamente junto con cualquier otro cristal para potenciar realmente las propiedades energéticas.

Este es un cristal prodigioso para utilizar en la curación, para obtener claridad en las diversas cuestiones, para la meditación, para limpiar espacios, para liberar la negatividad, desbloquear los chakras, mejorar las habilidades psíquicas y recibir orientación superior.

Me encanta usar mi péndulo de cuarzo transparente para mis sesiones de sanación de los chakras con los clientes, ya que es el sanador más poderoso. Es un excelente cristal brillante, pero también para personas experimentadas.

Pregúntale cualquier cosa al cuarzo transparente: no hay pregunta que no puedas hacer con este péndulo.

Cristales de los chakras

Los péndulos para los chakras están hechos de capas de siete cristales diferentes, principalmente ágatas de diferentes colores que sintonizan con los siete chakras. Se colocan en capas en forma de pesa de péndulo o, también, los siete cristales pueden incrustarse en la cadena con un cristal de color sólido como péndulo. Como su nombre indica, estos péndulos se utilizan para equilibrar y desbloquear los chakras. Personalmente, no sintonizo con ellos, pero he visto a muchas personas utilizarlos. Son bonitos, coloridos y vienen en muchos formatos diferentes. La idea que hay detrás de estos péndulos es desbloquear y equilibrar los chakras durante una sesión de sanación, ya que los chakras sintonizarán y vibrarán con los cristales correspondientes en el péndulo.

FLUORITA

La fluorita tiene muchos colores diferentes, que veremos por separado. La fluorita es excelente para limpiar el aura y conectarte con el mundo espiritual. También es una maravillosa sanadora: limpia, purifica, equilibra y elimina cualquier energía negativa del cuerpo.

✳ Fluorita azul: Este cristal es una hermosa piedra calmante que facilita la comunicación, la creatividad y los procesos de pensamiento racional, y mejora la conexión con el mundo espiritual. Trabaja con los chakras del tercer ojo y la garganta.

✳ Fluorita verde: La fluorita verde es una gran sanadora del chakra del corazón. Te abre a la curación emocional, especialmente en lo que tiene relación con el amor, las rupturas y las heridas del pasado. Funciona maravillosamente bien para limpiar la energía negativa del aura.

✳ Fluorita púrpura: La fluorita púrpura funciona mejor con los chakras del tercer ojo y la coronilla, facilitando el despertar espiritual y las habilidades psíquicas. Es un cristal maravilloso para la meditación, por lo que te ayuda a entrar en un estado de relajación previo al utilizar el péndulo para hacer preguntas. Te ayuda a enfocar y concentrar la mente para la meditación.

✳ Fluorita arco iris: La fluorita arco iris suele contener una mezcla de fluorita transparente, morada y verde. Es fabulosa para ayudar a calmar la mente; equilibrar, rejuvenecer y limpiar los campos de energía y los chakras; también para facilitar el contacto con el reino espiritual y centrar la mente en la tarea que se está realizando. Todos estos son péndulos muy populares y fáciles de encontrar en las tiendas.

LAPISLÁZULI

El lapislázuli es un hermoso cristal azul con motas doradas en su interior. Se asocia con el tercer ojo y el chakra de la garganta. El lapislázuli puede abrir el tercer ojo, permitiendo que la conexión con el espíritu se abra para que la sabiduría y la guía puedan entrar. Es un cristal maravilloso a la hora de mejorar la comunicación, hacer aflorar la sabiduría interior y la verdad, hacer fluir la creatividad y potenciar las habilidades psíquicas. Utiliza el lapislázuli para aliviar la depresión y el estrés: es un cristal maravilloso para volver a crear calma y paz en tu vida.

Empléalo para facilitar la conexión con tu yo divino y superior. Al igual que la amatista, puede dar a tus sesiones de péndulo un impulso extra de altas vibraciones, facilitando que entres en tu zona de meditación y permitiéndote así concentrarte y conectarte para recibir tus respuestas.

El lapislázuli es también un gran facilitador de la búsqueda de la verdad de tu mente y subconsciente, así como para buscar respuestas reales en tu interior. Vibrará al mismo nivel que tu yo superior, ayudándote a entrar en un estado meditativo relajado para recibir tus respuestas.

CUARZO ROSA

El cuarzo rosa tiene que ver con el amor, el romance, la amistad, la familia y, sobre todo, con encontrar el amor en todas las cosas de la vida de forma incondicional. Como su nombre indica, también forma parte de la familia del cuarzo y es maravilloso a la hora de abrir el chakra del corazón. El cuarzo rosa es un hermoso sanador emocional, ideal para soltar y perdonar, para fortalecer todos los tipos de amor en la vida y liberar el miedo, la culpa y la tensión.

El cuarzo rosa aporta un estado de profunda curación interior en casos de trauma o experiencias vitales dañinos. Colócalo sobre el chakra del corazón y, mientras lo haces, imagina que una hermosa luz rosa entra en el chakra, al tiempo que el péndulo trabaja para desbloquearlo. Es posible que broten las lágrimas; lágrimas de liberación y de dejar ir. Es un gran método para utilizar cuando se está haciendo el trabajo de chakras en los clientes, amigos, familiares, o incluso a ti mismo.

Otra hermosa manera de utilizar el péndulo de cuarzo rosa es usarlo para insuflar armonía y amor de nuevo en la vida, dentro de una relación existente. Utiliza el cuarzo rosa si sientes que la energía entre tu pareja y tú está un poco estancada y necesita un estímulo. Consigue una foto de los dos, enciende una vela rosa y coloca dos trozos de cuarzo rosa a cada lado de la foto. Haz girar tu péndulo de cuarzo rosa en el sentido de las agujas del reloj sobre la parte superior de la foto, al tiempo que visualizas de nuevo la armonía, el amor y la unión. Cuando sientas intuitivamente que el péndulo ha hecho su trabajo, detente y dale las gracias, apaga la vela y sigue con tu quehacer cotidiano.

Utiliza el cuarzo rosa para hacer cualquier pregunta relacionada con el amor, las citas o cualquier otro asunto que tenga que ver con los sentimientos.

CUARZO AHUMADO

El cuarzo ahumado forma parte de la familia de los cuarzos y funciona realmente bien a la hora de asentar y elevar tu vibración de forma simultánea. Funciona muy bien con el chakra base. Este cristal ayuda a enraizar tu energía y absorber la energía negativa, ayuda también en la protección (especialmente cuando se hace trabajo de energías), ayuda en la meditación, ayuda a liberar traumas del pasado, y a disipar la depresión, el estrés y la ansiedad. Este es un péndulo maravilloso que puedes usar cuando se necesita un poco de conexión a tierra, a la par que se conecta con tu sabiduría espiritual y el yo superior. Si eres muy sensible a las energías que te rodean, utiliza el cuarzo ahumado para eliminar cualquier energía negativa y permitirte así elevar tu vibración sin dejar de sentirte conectado a tierra. El cuarzo ahumado también puede facilitarte el trabajo con el péndulo y los espíritus.

Este péndulo puede resultar muy beneficioso para limpiar la energía por todo tu espacio. Una buena manera de utilizar este péndulo es la de estar al aire libre (asegúrate de que el clima no sea ventoso, ya que el viento hará que el uso del péndulo se convierta en algo muy difícil), en la naturaleza, para conseguir que la energía de conexión a tierra llegue a ti cuando te sientas desconectado.

Si tienes clientes, amigos o familiares que sienten que necesitan librarse de energía negativa, haz que se acuesten boca arriba en una posición cómoda y pide que el péndulo limpie la energía negativa de sus auras. Pide que la energía negativa se transfiera a la tierra para llevar a cabo su transmutación. Vuelve a leer *limpieza energética* para recordar cómo limpiar la energía negativa.

SODALITA

La sodalita es un magnífico cristal de color azul que trabaja con los chakras de la garganta y del tercer ojo. Este cristal se relaciona con el abrirse a todos los niveles de comunicación, percibir mejor las cosas, mejorar la creatividad y las ideas, promover la verdad y mejorar la conexión con el reino espiritual, permitiendo que el flujo de comunicación llegue con facilidad. Esto es especialmente importante cuando se trabaja con el péndulo, ya que pretendes facilitar la transmisión de las respuestas a través de ti al péndulo, por lo que el uso de sodalita es un gran potenciador de esta energía.

La sodalita también es ideal para lo que tiene que ver con la calma y la tranquilidad mental, así que utilízala para facilitar la meditación y la relajación antes de utilizar el péndulo.

Como la sodalita resulta maravillosa para hacer aflorar la verdad interior, es un péndulo estupendo para utilizar cuando no se está seguro de qué hacer; cuando de veras se necesita una guía interior que ayude a tomar decisiones lógicas.

OJO DE TIGRE

Cuando siento que necesito un pequeño (o gran) empujón de autoafirmación, cojo un péndulo de ojo de tigre. Este cristal también pertenece a la familia del cuarzo y está asociado con el chakra del plexo solar. Este cristal es el más activo de todos ellos: aumenta el poder personal, el coraje, la intuición y los «sentimientos viscerales». Favorece la confianza en uno mismo y la autoestima, la toma de decisiones y ayuda a desarrollar el valor para los nuevos comienzos. El ojo de tigre ayuda a equilibrar la energía yin-yang del cuerpo y la mente y también a aliviar la depresión.

Esto es algo que resulta ideal para usar cuando se necesita añadir un poco de impulso de poder personal y coraje al uso que le das al péndulo. Si te sientes aprensivo y nervioso en lo tocante al uso de un péndulo, entonces, este es un gran recurso, ya que le da un sentido y la tranquilidad de que las energías que os rodean al péndulo y a ti mismo son todos seguros y positivos.

Metales

Hay disponibles muchos tipos diferentes de péndulos de metal y lo cierto es que tienen muchas propiedades similares. Son conductores maravillosos y facilitan que el péndulo se mueva en tu mano, con la energía de tu ser superior y los campos electromagnéticos que te rodean. Son sobre todo populares entre los radiestesistas de mapas y subterráneos. Echemos un vistazo a los péndulos de metal más populares que puedes comprar.

COBRE

El cobre no solo disfruta de un aspecto hermoso, sino que también es un gran elemento conductor de energía. Responde con rapidez a los cambios vibracionales, permitiendo que el balanceo y el movimiento del péndulo sean fáciles para cualquiera.

El cobre también tiene maravillosas propiedades curativas, y ayuda a equilibrar y limpiar la energía. Puedes utilizar este tipo en tus sesiones de sanación y limpieza energética como alternativa a los péndulos de cristal.

Es muy probable que encuentres péndulos de cobre en las tiendas, ya que el cobre es relativamente barato, en comparación con otros metales.

PLATA

La plata es otro brillante elemento conductor de energía y tiene las mismas propiedades que el cobre. El único inconveniente de la plata es su coste: es mucho más cara que el cobre.

ORO

El oro no se encuentra de forma habitual en los péndulos, debido a su coste y porque la plata y el cobre son, de hecho, más sensibles y conductores a los cambios vibracionales que ocurren dentro de su ser superior. Pero a algunas personas les encanta el oro, así que, si estás dispuesto a pagar un precio más alto por tu péndulo, ¡adelante!

ACERO INOXIDABLE

Muchos de los péndulos con jaula en espiral y péndulos de cámara están fabricados en acero inoxidable. Este metal versátil se fabrica con una mezcla de metales, tales como hierro, cromo, carbono, níquel, aluminio y silicio. No es el mejor de todos a la hora de elegir un péndulo de metal, porque no es un metal único y, por tanto, no es tan buen conductor de la energía como los demás, pero sigue funcionando bien, sobre todo si se pone un cristal en la jaula. Los péndulos de acero inoxidable tienden a no acumular o albergar energías, como les ocurre a los otros metales y cristales, por lo que, de hecho, puede ser el mejor para usar en un grupo de personas. El acero inoxidable también es ideal, porque no se oxida y es más barato.

Ya hemos visto las diferentes formas y materiales utilizados para el péndulo, pero ahora vamos a ver de qué se balancea en realidad.

Hace muchos siglos, se utilizaba pelo humano como cuerda para colgar la pesa, pero hoy en día tenemos muchas mejores opciones, ¡y el pelo se rompe con mucha facilidad! Muchos péndulos se balancean al extremo de cadenas de plata, plata de ley, acero inoxidable, metal común, etc. Estos son más duraderos y fáciles de encontrar, ya que la mayoría de los péndulos, en estos días, cuelgan de una cadena.

Si haces uno tú mismo en casa, puedes utilizar cuerda o lana, pero asegúrate de que es lo suficientemente fuerte como para soportar el peso del péndulo. Yo he hecho péndulos con un cordón fino de cuero y también funciona bien. Recuerda que, cuanto más fino sea el cordón, la cadena o la cuerda, mejor.

Un trozo grueso de cadena o cuerda tiende a disminuir el movimiento de la pesa, ya que la energía y las vibraciones que ayudan a mover el péndulo se absorben más en la cuerda que en el péndulo.

Una cuerda más gruesa dificulta el movimiento del peso en la parte inferior, y recibir sus respuestas puede llegar a ser más difícil. Así que busca un péndulo con un buen peso en la parte inferior y que penda de una cadena, cuerda o cordón delgado pero fuerte.

No pocos tipos diferentes de péndulos pueden ayudar a tu trabajo de diferentes maneras. Yo percibo una ligera diferencia con cada uno de mis péndulos, en función de cómo quiero utilizarlos, pero no te incomodes al principio de su viaje con el péndulo por no tener amatista para el trabajo espiritual. Estos diferentes tipos de péndulos pueden, desde luego, mejorar tu trabajo con péndulos, pero no son el factor más importante.

En caso de duda, utiliza un péndulo de cuarzo transparente si te parece el adecuado. Intenta no utilizar el mismo péndulo para todas las consultas, ya que es muy probable que descubras que algunos péndulos no responden a ciertos tipos de preguntas. Encuentra un péndulo que te funcione a ti en concreto.

Por ejemplo, yo siempre utilizo un péndulo de amatista para el trabajo espiritual, porque es el tipo de péndulo que tiene vibraciones altas y le encanta trabajar conmigo de esta manera.

Todo esto es tan solo una guía para ayudarte a elegir un péndulo con el que trabajar de diferentes maneras. Disfruta del proceso de encontrar tu péndulo (o dos... ¡o tres!).

Recuerda que la parte más importante está en no pensar demasiado cuál elegir y luego vibrar de emoción cuando tengas en tus manos el que resulta adecuado para ti en concreto.

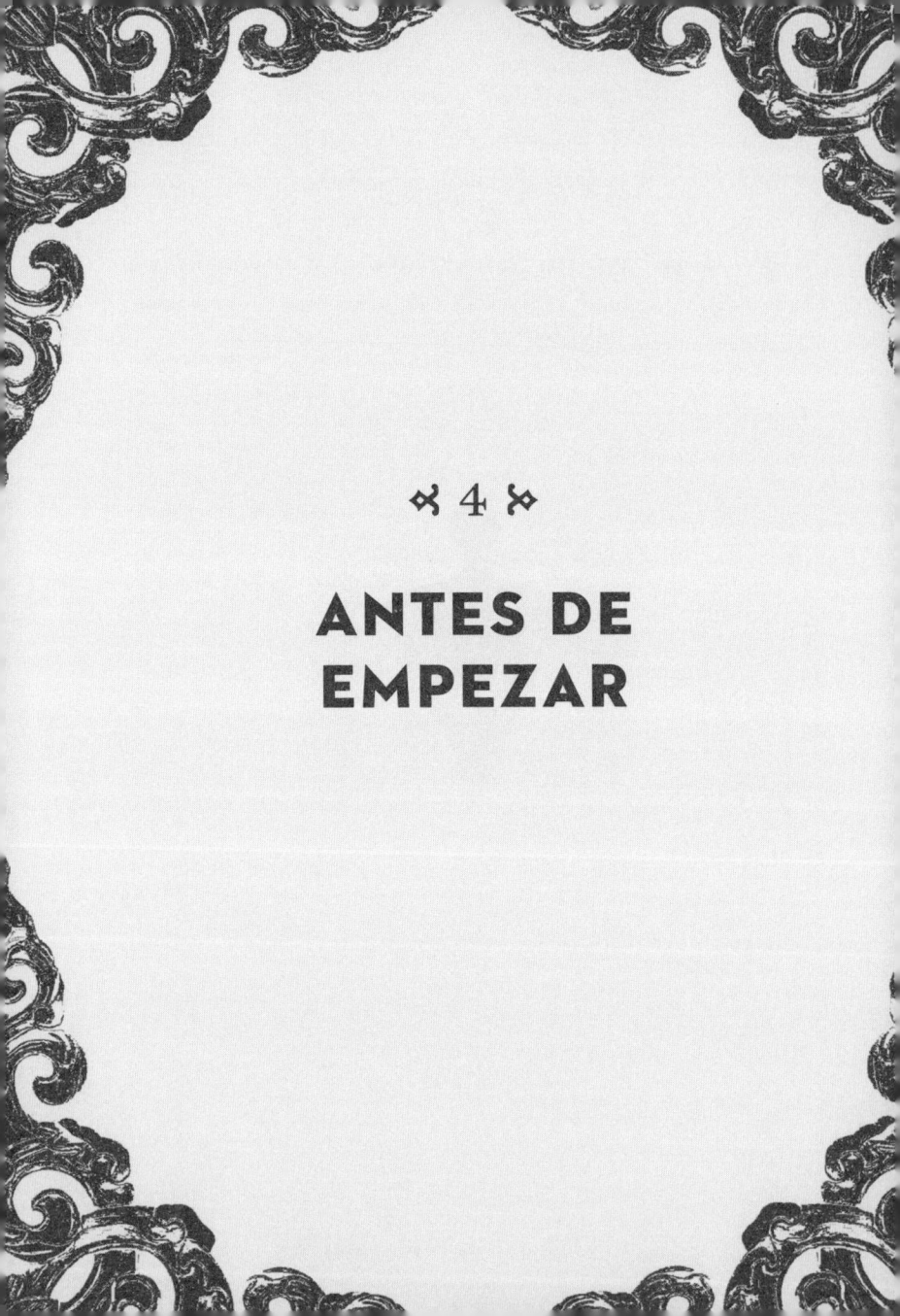

❖ 4 ❖

ANTES DE EMPEZAR

UTILIZAR UN PÉNDULO ES ALGO BÁSICO Y SENCILLO. Cualquiera puede coger un péndulo y dejar que oscile entre el pulgar y el índice. Sin embargo, dudo mucho que obtengas grandes resultados, ya que existen algunos factores que debes tener en cuenta antes de utilizar tu péndulo. Al igual que con cualquier otra herramienta de adivinación, necesitas sintonizar, crear espacio, limpiar, programar y cuidar tu péndulo. Cuanto más amor y cuidado le des a tu péndulo, más amor y cuidado te devolverá tu péndulo. Todo tiene que ver con el intercambio de energía y, si transmites energía negativa y rancia a tu péndulo, sin duda este se la devolverá multiplicada por tres.

Todo el mundo tiene una forma única y diferente de utilizar las herramientas de adivinación, y el uso del péndulo no es una excepción. Esta es una guía de cómo puedes crear un espacio sagrado, cómo puedes atraer a tu equipo espiritual y a tu yo superior, y cómo programar tu péndulo pero, al final del día, tienes que hacer lo que sientas que es lo correcto en tu caso en concreto.

Es como usar las cartas del oráculo; cada cual las baraja de forma diferente, algunas personas sintonizan con una determinada baraja, pero otras no, algunas personas usan la misma tirada cada día, mientras que otras las cambian diariamente. Lo mismo ocurre con el péndulo. Recuerda siempre que, para forjar una relación maravillosa con tu péndulo, necesitas escuchar siempre a tu corazón y a tu intuición. Haz lo que te parezca correcto y no compares tu forma de usar el péndulo con la de los demás.

Empecemos este asombroso viaje y elige el péndulo que más te guste. No te preocupes demasiado por la forma y el tipo de material en este momento.

Ya tienes tu péndulo… ¿y ahora qué? Pues, en primer lugar, ¡tienes que limpiar la energía de tu péndulo!

LIMPIEZA Y DEPURACIÓN DE LA ENERGÍA

Todo ser, vivo o no vivo, alberga energía positiva, negativa o neutra. Es posible que tu péndulo haya estado envuelto en plástico en un almacén de China durante meses, que luego haya sido enviado por vía aérea o marítima, y que después haya sido trasladado a la tienda donde lo compraste o te lo remitieron por correo. En ese largo proceso, tu péndulo ha recogido energía de un gran número de lugares y personas diferentes. Por ejemplo, tal vez la persona que lo empaquetó sufrió una serie de circunstancias realmente terribles y estaba estresada, infeliz, enojada -lo que sea- en el momento en que estaba guardando tu péndulo. En tal caso, esa energía se procesa en el péndulo. El péndulo se envuelve en plástico impregnado de negatividad y se envía por vía aérea o marítima a su nuevo hogar. La persona que te entrega el péndulo también puede haber tenido una mala mañana. Por lo tanto, este péndulo atraviesa un mar de emociones y energía negativa por parte de las personas que lo manipulan. Después te llega sano y salvo, lo abres y, emocionado, empiezas a hacerle preguntas… ¡y no se mueve o se mueve por todas partes!

Lo primero que tienes que hacer es limpiar la energía negativa de tu péndulo. De la misma manera que limpias tu campo energético con regularidad, el mismo principio se aplica a tus herramientas de adivinación. Sencillamente, no funcionarán correctamente si su energía no se limpia de nuevo para devolverlo a su estado neutral. Si me siento decaído, malhumorado y simplemente no soy yo mismo, sé que mi campo energético se encuentra obstruido por malas vibraciones. Esto sucede con suma facilidad en el mundo en que vivimos; y para funcionar correctamente en un estado de equilibrio, necesitamos eliminar la energía negativa y estancada que nos rodea. Si nuestras herramientas sagradas de adivinación se hallan obstruidas con energía negativa y estancada, intentar utilizarlas para responder a tus preguntas es como intentar quitarle un juguete a un niño: no funcionará y acabará en llantos.

Existen muchas maneras de limpiar y despejar la energía negativa y estancada de tu péndulo. Los siguientes métodos son maravillosos para usar en casi cualquier objetivo, desde tú mismo hasta tus muebles. El aspecto más importante a tener en cuenta, al utilizar estos métodos, es tu intención. La intención es de lo más vital pues ¡los pensamientos son extremadamente poderosos! Tus pensamientos crean tu realidad. Me gusta establecer una intención antes de empezar a hacer cualquier cosa relacionada con mi práctica espiritual. Sin embargo, establecemos intenciones a lo largo del día sin darnos cuenta: establecemos la intención de llamar a un amigo, establecemos la intención de preparar la cena y decidir qué cenar, establecemos la intención de recoger a los niños del colegio con buen humor, etcétera.

Entonces, ¿cómo establecer una intención para limpiar la energía de tu péndulo? Comienza por recoger lo que va a utilizar para limpiar y despejar la energía (como, por ejemplo, un palito de sahumerio, palo santo, sal, etc., de los que hablaremos más adelante), cierra los ojos y establece tu intención de eliminar la energía de tu péndulo con la ayuda de la herramienta que estés utilizando. Pide que la energía se elimine y transfiera a la tierra, para su transmutación. No tienes por qué ser detallista; unas pocas palabras y pensamientos amables son todo lo que necesitas. Si pones la intención de mal humor, exigiendo que la energía se quite y, sobre todo, siendo un mandón desagradable... bueno, puedo decirte desde ya que la energía de tu péndulo saldrá, pero no de buena manera. *Lo que sacas fuera vuelve a ti tres veces* es una sencilla regla que ha existido durante siglos, lo mismo que el viejo dicho de que lo que va, vuelve.

Así que, ahora que has establecido tu hermosa intención de eliminar la vieja energía de tu péndulo, quieres encontrar las herramientas de limpieza que te ayuden a eliminar la energía negativa y estancada. Hay un número de maneras en las que puedes remover la energía, y de nuevo, se trata tan solo de determinar qué es aquello con lo que sintonizas únicamente. Veamos los diferentes métodos:

Humo

El humo de los palos de sahumerio se ha utilizado para limpiar la energía durante miles de años y tiene su origen en los nativos americanos. Tradicionalmente, los palos de sahumerio se hacen con salvia blanca, pero también se pueden utilizar palo santo, romero, artemisa, lavanda, hojas de eucalipto, cedro y hierba dulce, todos ellos con propiedades limpiadoras. La idea que subyace a la limpieza con humo es que los iones negativos del humo se adhieren a los iones positivos que están flotando alrededor de nuestra aura, o el aura que rodea prácticamente cualquier cosa, y los neutralizan. Estos iones positivos contribuyen al desequilibrio de las emociones, enfermedades mentales, dolencias físicas y bajones espirituales. Así que los iones negativos se adhieren a los iones positivos y los neutralizan, llevándose la energía negativa y estancada a otro lugar para su transmutación, normalmente a la tierra.

Debes estar preparado, antes de utilizar la varilla para hacer la limpieza, ya que no quieres que las brasas provoquen un incendio en tu casa o en el espacio que estás limpiando (¡ten cuidado también con tu pelo y tu ropa, si te estás limpiando a ti mismo!), así que coloca un plato resistente al calor debajo de la varilla, para recoger las brasas que puedan salir volando. Enciende la varilla, pero no apagues la llama; deja que se disipe por sí sola o sacúdela. Ahora, debería salir una hermosa nube de humo. Sostén el péndulo y agítalo sobre el humo, hasta que sienta intuitivamente que está despejado y limpio. Otra señal de que el péndulo está limpio es el movimiento y el color del humo. Si el humo es espeso y gris, es que hay bastante energía que limpiar; pero si el humo es fino y ligero, no hay tanta energía negativa que eliminar. El movimiento del humo es otra señal. Si el humo se ha alejado del péndulo o del objeto que se está limpiando, entonces es una buena señal de que el péndulo ha terminado de limpiarse.

Si estás en una habitación con ventana, ábrela para que la energía limpiada pueda salir. Cuando hayas terminado de limpiar la energía, deja el bastoncillo en el plato a prueba de calor para que se consuma, o apágalo en un poco de arena o tierra.

Tierra

La tierra es el regalo de la Madre Naturaleza en el que cultivar, enraizar, nutrir y limpiar. Podemos utilizar la tierra para limpiar cuando enviamos la intención de que la energía negativa y estancada se libere en la tierra para su transmutación. Esto resulta especialmente potente para los materiales naturales que se utilizan en el péndulo, como por ejemplo los cristales. Coloca tu péndulo en un lugar bonito de tu jardín o en una maceta, si vives en un apartamento, y déjalo allí durante al menos unos días. De nuevo, usa tu intuición y «siente» cuándo está listo. A algunas personas les gusta guardar sus tesoros en la tierra durante todo un ciclo lunar, empezando con la luna llena. Luego los sacan y agradecen a la tierra todo lo que ha hecho. Tu péndulo ya está listo y ¡quizá solo tengas que quitarle el polvo antes de usarlo! No te olvides, si estás utilizando este método, y es un método hermoso, especialmente si sintonizas bien con la naturaleza, de asegurarse de que tu péndulo tiene una cadena de acero inoxidable o plata, ya que no quieres que aparezca nada de óxido en tu péndulo, por culpa de la humedad.

Luz de luna/luz de sol

Esta viene a ser una de mis formas favoritas de limpiar la energía negativa: ¡la luz lunar cuando hay luna llena! Resulta un enfoque de lo más hermoso, femenino y naturalmente suave. Las lunas llenas son el mejor momento para liberarte de cualquier cosa en tu vida que ya no esté sirviendo a tu bien superior. Durante la luna llena esta está en su plenitud y es más poderosa. Aleja la negatividad de la tierra de la misma manera que aleja el agua del mar. Un ritual de luna llena es una forma sagrada de liberar, eliminar, limpiar y purificar. Coloca tu péndulo en tierra, la noche de luna llena. Una buena manera de limpiar tu péndulo primero es sumergirlo en el agua más pura que puedas conseguir. Asegúrate de secarlo acto seguido, ya que la cadena o cualquier otra pieza metálica de algunos péndulos pueden oxidarse si se expone al agua durante demasiado tiempo. Si vives en un apartamento y no tienes patio ni jardín, puedes colocar el péndulo en el alféizar de una ventana que reciba la luz de la luna o sobre una mesa. Deja el péndulo allí toda la noche y recupéralo a la mañana siguiente al amanecer.

La luz solar es otra forma de limpieza. Piensa en la sensación que tienes cuando sales a la luz del sol, sobre todo después de unos días de lluvia y nubes, cómo te sientes inmediatamente rejuvenecido, recargado y feliz. Lo mismo ocurre con la energía de tu péndulo. Este método es más directo, más duro, y solo requiere unas pocas horas de luz solar. Sin embargo, ten cuidado, ya que la luz solar puede decolorar algunos cristales como la amatista, el citrino, el cuarzo rosa, la fluorita y el cuarzo ahumado, si se dejan al sol durante un periodo prolongado. Otra precaución que hay que tener al utilizar la luz solar: algunos cristales, sobre todo de la familia del cuarzo, pueden concentrar la luz solar en otro lugar y provocar un incendio, así que ten cuidado al utilizar este método y vigila siempre las cosas.

Agua

El agua es una hermosa manera de limpiar los péndulos, sobre todo si están un poco polvorientos por haber estado en un estante sin usarse. Me gusta poner mi péndulo bajo el agua más pura que pueda encontrar, entre sesiones con clientes o si alguien ha manipulado y tocado mi péndulo. El agua de manantial natural es la forma más eficaz y pura de limpiar el péndulo, ya que procede directamente de la Madre Naturaleza. Sin embargo, la mayoría de nosotros no tenemos la suerte de vivir cerca de un manantial, arroyo, riachuelo, etcétera. Lo mejor es utilizar agua filtrada. Si no tienes acceso a ninguna de las dos, entonces el agua normal del grifo será suficiente; tal vez puedas aplicar Reiki a tu agua o visualizar luz blanca y establecer la intención de que el agua limpie tu péndulo. No es necesario sumergirlo bajo el agua durante un período prolongado. Mientras corre el agua sobre tu péndulo, establece siempre la intención y el proceso de pensamiento, para eliminar cualquier energía estancada o negativa, y también para restaurar y equilibrar así el péndulo, de nuevo, en su forma más alta de función.

Sal

La sal es un purificador asombroso y se ha utilizado durante siglos para limpiar y despejar la energía negativa, estancada y mala. ¿Has visto alguna vez un cuenco de sal en la entrada de la casa de alguien? ¿Una hilera de sal en las entradas de las casas de la gente? ¿Círculos de sal en un círculo de brujas o en un círculo de meditación? Todo eso sirve para eliminar las malas energías e impedir que sigan entrando en tu espacio. La sal es como una barrera para esas energías desagradables –básicamente, huyen cuando la sal está cerca–, ya que las absorbe y las disipa. ¿Cómo podemos utilizar la sal para limpiar nuestros péndulos? Coge un cuenco pequeño y pon un poco de sal gema del Himalaya o sal marina (o cualquier otra sal gema pura que tengas disponible) y coloca el péndulo encima, o entiérralo debajo, y déjalo toda la noche.

También puedes preparar agua salada y verterla sobre el péndulo como lo harías con agua purificada, o ir a la playa y recoger agua de mar en un frasco. Mientras limpias con esta agua, establece una intención para que el agua salada elimine cualquier energía que no sirva al bien supremo del péndulo.

Luz blanca y visualización

Utilizar este método no solo es superdivertido, sino que también te ayuda a fortalecer tu lado intuitivo e imaginativo, el lado derecho del cerebro. En este mundo tan ajetreado, tendemos a anular el lado derecho del cerebro y a perder nuestra intuición, imaginación y creatividad, centrándonos únicamente en la parte izquierda, analítica y lógica del cerebro. La visualización nos ayuda a utilizar más nuestro lado derecho y a sacar a relucir nuestros dones intuitivos: escuchar desde el corazón, no desde la cabeza. Si no estás acostumbrado a la visualización, empieza cada día sentado en algún lugar tranquilo e imagina una luz blanca que viene del cielo y te rodea, entrando en ti desde tu aura y abriéndose camino en tu interior. Empezarás a sentir un cambio de energía; pueden ser cosquilleos, cambios de temperatura o una sensación de euforia; cualquiera que sea la sensación que tengas será placentera. Cuanto más visualices esta luz, más fácil y rápidamente llegará a ti, facilitándote la visualización de la luz blanca sobre prácticamente cualquier cosa. En realidad, puedes visualizar cualquier color; sin embargo, a mí me gusta visualizar el blanco, ya que es el color de la protección, la purificación, la paz y la serenidad.

He aquí una guía rápida de los distintos colores y sus asociaciones:

✳ Blanco: protección, purificación, paz y serenidad.

✳ Amarillo: creatividad, intelecto, fuerza, energía

✳ Naranja: suerte, confianza, éxito

* Verde: curación, equilibrio, suerte, prosperidad, abundancia

* Azul: intuición, seguridad, tranquilidad, protección, curación

* Morado: contacto espiritual, sabiduría, protección espiritual, magia

* Rojo: fuerza, poder, pasión, deseo, vitalidad

* Rosa: apoyo emocional, paz, afecto, compasión.

* Negro: ahuyenta la negatividad, protege, ata.

Tiendo a no utilizar el color negro a mi alrededor, tan solo porque me resulta muy difícil sintonizar con el negro y visualizarlo. Sin embargo, cada persona es diferente y debes usar un color que sientas que te ayudará a eliminar las energías que están a tu alrededor. Un ejemplo consiste en visualizar luz púrpura a tu alrededor y de tu péndulo si quieres eliminar la energía estancada y aumentar la eficacia para la adivinación y el contacto con el mundo espiritual. Otro podría ser visualizar luz verde alrededor de tu péndulo, si lo utilizas para trabajos de sanación.

El maravilloso uso de la visualización para limpiar la energía negativa es que no tienes reglas para hacerlo; tan solo asegúrate de que tus intenciones son siempre para el bien más elevado y que quieres eliminar la energía negativa. Los pensamientos son tan poderosos como las visiones.

Para limpiar la energía mediante la visualización, siéntate en un lugar cómodo y tranquilo, lejos de distracciones. Inspira y espira profundamente tres veces y pide que te rodee una luz blanca. Puedes decirlo en voz alta o mentalmente; ambas formas funcionan bien. Visualiza que la luz desciende del cielo, te rodea y se detiene en el suelo. Visualiza que esta luz crece y forma un círculo más grande a tu alrededor. Ahora, visualiza la luz entrando por el chakra de la coronilla y llenando todo tu cuerpo, empezando por la cabeza y bajando con lentitud hasta los pies, llenando cada célula de luz blanca. Me gusta pedir a mi sabiduría trascendente que se una para protegerme, limpiarme y conectarme con lo divino, mientras me baño en esta luz blanca. Acto seguido, enfocaré esta luz hacia mis manos mientras sostengo el péndulo. Me gusta sostener el péndulo en mi mano izquierda (recibiendo) y enfocar la luz blanca que sale de mi mano derecha (dando) hacia el péndulo. Mientras visualizo este proceso, también pido que la energía negativa caiga a la tierra para su transmutación. Una vez que siento intuitivamente que la energía se ha despejado y que el péndulo está de nuevo en estado de equilibrio, doy las gracias a la luz blanca y a mis guías, y procedo a utilizar el péndulo, o lo guardo para utilizarlo en otra ocasión.

Una vez que empieces a cogerle el truco a visualizar la luz para limpiar, este proceso puede llevarte solo unos segundos.

Sonido

El uso de herramientas sonoras, tales como cuencos tibetanos, cuencos de cristal, platillos *tingsha* tibetanos, tambores, cantos, campanas y palmas, puede agitar la energía y permitirte alcanzar de nuevo un equilibrio natural. Las vibraciones de estas herramientas hacen que la energía estancada se desplace y se rompa, y permiten que la energía siga su camino. Abre una ventana para dejar escapar la energía o pide que la energía estancada/negativa se disipe en el suelo.

Me gusta colocar el péndulo en mi cuenco tibetano y dejar que las vibraciones hagan su magia, o coloco el péndulo sobre la mesa en la que voy a trabajar y hago sonar los platillos o las campanas tres veces sobre él.

Si crees que la habitación en la que te encuentras necesita una limpieza del espacio antes de utilizar el péndulo, utiliza cualquier herramienta de sonido tres veces en cada esquina de la habitación. Las esquinas tienden a albergar la energía que quieres hacer desaparecer.

Cristales

Hay algunos cristales que resultan increíbles para limpiar la energía y que puedes comprar para eliminar la energía negativa, tanto de tu péndulo, como de ti mismo o de tu espacio.

Echemos un rápido vistazo a algunos de estos cristales:

✳ **Cuarzo transparente: me gusta colocar un trozo de cuarzo transparente en la bolsa de almacenamiento de mi péndulo. El cuarzo claro es un maravilloso limpiador de energía y ayuda a eliminar la energía negativa de los objetos.**

✳ **Obsidiana negra: otro cristal maravilloso para eliminar la energía negativa. Aumenta la limpieza que se produce en la bolsa de almacenamiento de tu péndulo añadiendo turmalina negra al cuarzo claro.**

✳ Selenita: El cristal limpiador. La selenita es conocida por ser un cristal de muy alta vibración, lo que la hace muy eficaz para purificar, limpiar y eliminar la energía negativa y estancada. Permite que el espacio, los objetos o las personas que están a tu alrededor permanezcan dentro de un campo energético equilibrado y positivo. La selenita no necesita que la limpien y no debe estar cerca del agua, porque se disolverá. Una varilla de selenita es muy eficaz para limpiar péndulos, ya que basta con colocar el péndulo encima para que obtenga los beneficios. También puedes utilizar una varita de selenita y agitarla alrededor del péndulo para limpiar el campo energético. Incluso puedes agitarla a tu alrededor. Yo siento inmediatamente el cambio de energía, ¡y es increíble!

CREAR UN ESPACIO SAGRADO

Ahora que hemos echado un vistazo sobre cómo limpiar un péndulo, veamos cómo crear un espacio para un uso seguro del péndulo. Algunas personas piensan que, cuando usan un péndulo, están invocando espíritus negativos o malignos, al igual que ocurre con el uso de un tablero de Ouija. Este no es el caso en absoluto, a menos que les pidas que esos entes se unan a ti, ¡pero dudo mucho que quieras abrirte a eso!

Me encanta estar en mi propia área sagrada cuando utilizo mi péndulo, ya que he canalizado mi energía en esta área y me resulta mágico. Sin embargo, no todo el mundo tiene su propia habitación para crear su espacio sagrado, y se puede utilizar el péndulo en cualquier lugar. Recomiendo que, si quieres empezar a usar tu péndulo de manera regular, encontrar un espacio sagrado hará que tu péndulo lo sientas mucho más especial.

Veamos cómo puedes crear un espacio sagrado. Como ya he dicho, no todo el mundo puede tener una habitación entera dedicada al trabajo espiritual. Así que me gustaría que encontrases un lugar hermoso en tu casa o apartamento, cualquier lugar en el que te sientas intuitivamente atraído a crear un espacio. Puede ser un rincón de tu dormitorio o un espacio del salón, ¡cualquiera! Reúne objetos que tengan un significado especial en tu práctica espiritual. Pueden ser cristales, velas, estatuillas, recuerdos especiales, varitas mágicas, conchas, calderos, incensarios... en definitiva, ¡cualquier cosa que haga cantar a tu corazón! Colócalos en el suelo, sobre una mesa o donde quieras, encima de un bonito trozo de tela o encaje y, tal vez, emplaza una bonita alfombra y cojines a su alrededor. Este es tu espacio y aquí es donde vas a canalizar tu hermosa energía. Recurre a tu corazón y reúne y decora el espacio para que coincida con quien eres.

Utilizo mi péndulo tanto en mi mesa como en el suelo, delante de mi altar. He descubierto que ambas zonas sirven bien a mi péndulo. Es posible que haya leído en alguna otra parte que debe sentarse en una mesa con el codo apoyado en ella y ambos pies sin cruzar en el suelo. Esto es muy recomendable para los principiantes como una manera de hacer que su cuerpo más estable (y es más cómodo). Sin embargo, a mí me encanta sentarme en un cojín en el suelo con las piernas cruzadas, permitiendo que mi codo descanse a mi lado. Aunque tenga las piernas cruzadas, siento que mi cuerpo está firmemente anclado al suelo y que la energía fluye con fluidez dentro de mí y a mi alrededor. Cada persona es diferente, así que siéntate como te sientas más cómodo. Yo me centraré en sentarme a la mesa.

Tienes tu péndulo y estás en tu mesa. Si sientes que la energía de la habitación necesita limpieza, entonces utiliza uno de los métodos mencionados anteriormente para cambiar y eliminar la energía estancada. Esto es vital, ya que quieres que los campos de energía que te rodean sean positivos, fluyan libremente y estén libres de energía negativa. No quieres que esta energía interfiera con tu trabajo con el péndulo. Siéntate a la mesa y asegúrate de que tu columna está recta, tus pies tocan el suelo y no están cruzados (esto te ayuda a sentirte conectado a tierra), y que tu codo está cómodamente apoyado sobre la mesa.

Antes de empezar a usar mi péndulo, me gusta hacer una rápida visualización con luz blanca e imagino un círculo de luz blanca que me rodea para protegerme. Luego pido a mi sabiduría trascendental que se una a mí. Puedes pedir a cualquier persona con la que sintonices, o con la que trabajes espiritualmente, que se una a ti. Me encanta sentarme unos minutos a meditar en la respiración, inhalando y exhalando profundamente. Luego me concentro en mi respiración y en la oscilación de mi péndulo durante unos momentos para centrarme, calmar mis pensamientos y enfocar mis intenciones en el péndulo. Es importante entrar en un estado de meditación antes de usar el péndulo, ya que quieres limitar tus pensamientos, calmar tus emociones y crear un espacio en el que puedas concentrarte en el péndulo al cien por cien.

Cuando medito, me encanta encender velas y quemar incienso de hierbas secas. Los componentes mágicos de las hierbas pueden ayudarme a elevar mi energía, así como la del espacio que me rodea y la de mis herramientas de adivinación. Aquí tienes algunas recetas que puedes preparar en casa. Pon la misma cantidad de hierbas en un frasco, mézclalas, tápalo bien y guárdalo para utilizarlo en el futuro. Si no tienes todos los ingredientes, mezcla los que tengas. Enciende un disco de carbón de los que puedes comprar en la mayoría de las tiendas Nueva Era y colócalo en una fuente o caldero ignífugo y resistente al calor. Una vez encendido el carbón, coloca encima una pizca de las hierbas secas, añadiendo más si es necesario.

Mezcla de incienso para meditación

Me encanta esta mezcla para relajarme y convocar a mis guías espirituales. Mezclar en cantidades iguales:

* Incienso   * Ajenjo

* Sándalo   * Canela

* Artemisa   * Menta verde

Mezcla de incienso curativo

Esta es una hermosa mezcla para tener encendida mientras usas tu péndulo en sesiones de sanación como, por ejemplo, Reiki y equilibrio de chakras. Mezclar en cantidades iguales:

* Mirra   * Salvia

* Lavanda   * Tomillo

* Manzanilla   * Romero

* Pétalos de rosa

Mezcla energética de limpieza

Esta mezcla es un maravilloso acompañamiento cuando se utiliza el péndulo para limpiar la energía negativa y estancada en el hogar, en uno mismo o en los objetos. Mezclar a partes iguales:

✳ Salvia   ✳ Pachulí

✳ Romero   ✳ Incienso

✳ Lavanda   ✳ Mirra

✳ Eucalipto   ✳ Sándalo

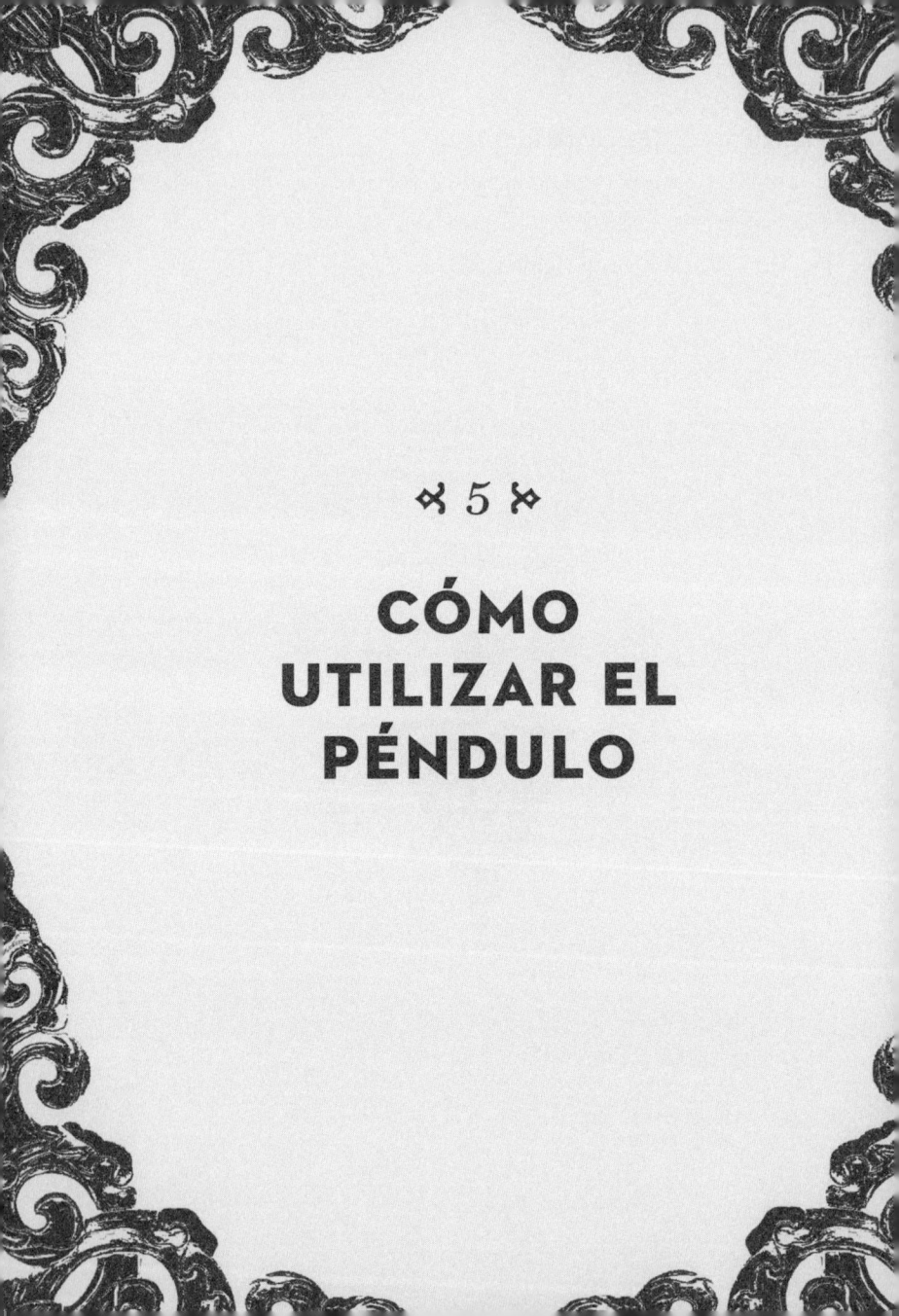

❖ 5 ❖

CÓMO
UTILIZAR EL
PÉNDULO

AHORA QUE HEMOS PREPARADO EL ESCENARIO Y LIM-piado la energía, es hora de que sostengas tu péndulo y dejes que comience la magia.

PROGRAMAR TU PÉNDULO

Una vez que te sientas preparado, sujeta el péndulo por la parte superior; suele tener una pequeña cuenta, una campana o algún elemento pequeño para agarrarlo. Utiliza los dedos pulgar e índice de la mano dominante para sujetar la parte superior del péndulo y apoya el codo en la mesa. La muñeca debe mantenerse recta y el codo ligeramente doblado. El brazo debe estar bastante recto y alineado desde la mano hasta el codo. El agarre del péndulo debe ser relajado y no demasiado apretado, ya que se desea que el péndulo se mueva libremente sin restricciones.

Ahora que está en una posición cómoda, el siguiente paso es programar su péndulo. Esto significa simplemente averiguar cómo oscila el péndulo para dar sus respuestas de *sí, no, tal vez* y *ahora no*.

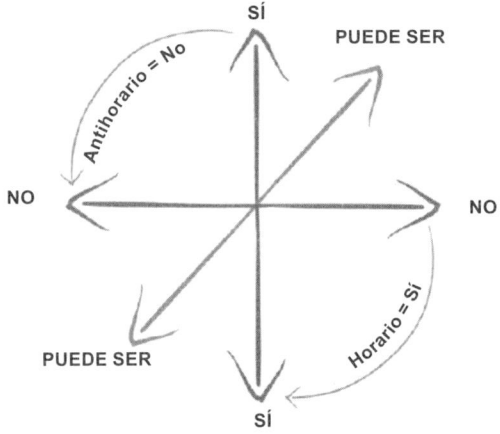

Me gusta pedirle al péndulo que me muestre un sí, y mi péndulo oscila hacia delante y hacia atrás. Luego le pido que se detenga. Cuando lo hace, le pido que me muestre un no, y mi péndulo oscila de izquierda a derecha. Le pido que me muestre un tal vez y mi péndulo se mueve en sentido contrario a las agujas del reloj. Mi péndulo no se mueve en absoluto cuando le pido una respuesta de ahora no.

Cada persona es diferente, por eso cada uno de nosotros necesita programar su péndulo antes de empezar. Algunas veces, especialmente al principio de mi viaje con el péndulo, el péndulo cambiaba de movimiento para las preguntas de sí/no. A veces mi péndulo giraba en el sentido de las agujas del reloj para las respuestas afirmativas y en el sentido contrario para las negativas.

Siempre programo mi péndulo antes de usarlo. La forma en que oscila podría cambiar cualquier día, ¡y yo podría estar interpretando mal las respuestas!

Lo bueno de programar tu péndulo es que puedes sentir cómo se mueve. He sido testigo muchas veces de la incredulidad y el asombro en los rostros de las personas cuando utilizan el péndulo por primera vez y comienza a oscilar. No pueden creer que la oscilación del péndulo sea tan fuerte cuando no están forzando el movimiento.

CONOCE TU PÉNDULO

Es importante que las primeras veces que se utilice un péndulo se conozca de verdad cómo oscila y se practique la concentración, la paciencia y la confianza. Coger el péndulo y hacerle preguntas sin más no suele funcionar. Es muy importante practicar y familiarizarse poco a poco con el péndulo, ¡y luego será fácil utilizarlo cuando le cojas el tranquillo!

Dale a tu péndulo un período de una semana para «conocerlo». Hacer preguntas importantes al péndulo requiere mucha concentración, paciencia y confianza, todo lo cual puede ser muy difícil cuando se es nuevo en el trabajo con el péndulo. Quieres respuestas de inmediato, así que, en lugar de allanarte el camino para ello, entras directamente y, de hecho, puedes estar balanceando el péndulo tú mismo para obtener la respuesta que deseas. En algunas ocasiones, he sido testigo de personas que utilizaban un péndulo por primera vez, y las respuestas que obtenían les resultaban las verdaderas; así que uno se pregunta: «¿por qué entonces tengo que practicar si la gente puede empezar directamente?».

Así que sí, puedes empezar directamente, pero antes debes establecer un vínculo y una relación de confianza con el péndulo. Es muy diferente al trabajo con oráculos y cartas del tarot, ya que no puedes ver las imágenes ni el significado de las cartas cuando las barajas y las sacas. El péndulo está ahí y puedes verlo oscilar. De hecho, ¡tienes que concentrarte y verlo oscilar! Además, cada persona es diferente. A algunos les cuesta concentrarse, mientras que a otros les resulta muy fácil enseguida. Cuando la gente hace una pregunta con el péndulo la primera vez, no sabe muy bien qué esperar, así que lo más probable es que la respuesta sea cierta. Cuanto más preguntan, menos probable es que el péndulo se mueva de forma correcta, porque ahora están pensando en la oscilación y en la respuesta y no se relajan en el proceso, como lo hacían al principio.

Pero, si poco a poco te dejas llevar por el sentir de tu péndulo, empiezas a confiar en ti mismo, y a dejar de lado las expectativas y la urgencia. Llegas a un punto en el que el péndulo oscila y dejas que el proceso ocurra de forma natural.

Reserva unos quince minutos cada día de la primera semana para sentarte en tu espacio sagrado y pasar tiempo con tu péndulo. Esto no solo va a ser una experiencia maravillosa para tu viaje con el péndulo, sino que también es una de la mejor forma de permitirte algún tiempo para reducir la velocidad, meditar y formar un vínculo con su ser superior y tu equipo espiritual.

Ejercicio para conocer tu péndulo

Empieza por limpiar tu entorno, limpiarte a ti mismo y a tu péndulo. Después de realizar rituales diarios para eliminar la energía negativa que hay en ti mismo, descubrirás que tu estado de ánimo, tu energía y tu bienestar se elevarán por completo. Siéntate en una posición cómoda, en tu espacio sagrado. Medita durante el tiempo que desees e intenta desconectar del día que has tenido.

Concéntrate en tu respiración y, cada vez que te vengan pensamientos a la cabeza, imagínate a ti mismo dejándolos en el suelo.

Cuando esté preparado, sujeta el péndulo y prográmelo. Una vez que hayas programado el péndulo, hazles preguntas muy básicas sobre el día que has tenido, para obtener respuestas de sí/no/tal vez/ahora no. Es mejor hacer preguntas de las que conozcas las respuestas, para así conocer el péndulo: cuánto tarda en oscilar, cómo oscila, si las preguntas que hace son adecuadas para el péndulo, etcétera. Si una pregunta es vaga, del tipo «¿Debo aceptar este trabajo o el otro al que me he presentado?», o si la pregunta tiene un contenido poco claro, el péndulo no se moverá o lo hará de forma caótica. Asegúrate de redactar siempre tus preguntas con confianza, utiliza la gramática correcta y ¡cerciórate también de que la pregunta es cerrada y de que tiene sentido. Las oscilaciones del péndulo son diferentes para cada persona: en el caso de algunos, el péndulo dará grandes oscilaciones. Para otros, el péndulo puede solo oscilar suavemente, así que no te alarmes ni asumas que no lo estás haciendo bien si el péndulo no oscila enloquecido para ti. Con la práctica y el tiempo, su péndulo empezará a oscilar a pasos agigantados, en respuesta a tus preguntas.

Una vez que sientas que estás ganando la bastante confianza en ti mismo como para permitir que el péndulo se mueva libremente, que estás relajado cuando usas el péndulo, y que estás en un estado de mente abierta, entonces estás listo para abordar cualquier pregunta con tu péndulo.

Ejercicio de encontrar un objeto

Busca un compañero -puede ser un amigo o un familiar- y pídele que esconda un objeto en algún lugar de tu casa. Una vez que dicho objeto esté colocado en algún lugar, siéntate en meditación, programa tu péndulo y empieza a hacer preguntas sobre la ubicación del objeto.

Algunas preguntas podrían ser: «¿Está el objeto en el baño?», «¿está el objeto en la maceta del cuarto de baño?», y así sucesivamente, hasta que sientas que has llegado al punto de saber dónde estaba colocado ese objeto: ¡ahora, ve a ver si se encuentra allí! Una vez más: no te desilusiones si no encuentras el objeto a la primera; es un ejercicio que requiere práctica, como todo lo demás. Persevera y, una vez que lo consigas, ¡no habrá quien te pare!

Un excelente consejo cuando se utiliza el péndulo para hacer preguntas es el de anotar tales preguntas y luego escribir las respuestas junto a ellas. Si hago muchas preguntas en una sesión, puedo llegar a olvidar cuáles fueron las respuestas a las preguntas anteriores, por lo que, accidentalmente, puedo hacer la misma pregunta dos veces. Esto es algo que te hace perder tiempo y puede sugerir que no confías en lo que te dicen tus guías. La idea es tener confianza en las respuestas que te da el péndulo. Escribe en tu diario algunas preguntas para empezar y luego fluye a partir de ahí.

Una vez que hayas terminado la sesión con tu péndulo, ya sea para responder preguntas, limpiar las energías de una habitación o utilizarlo en un trabajo de sanación, agradece siempre a tu ser superior y a tus guías por haberte ayudado. Una gran práctica es la de comenzar el proceso de limpieza de tu péndulo tras acabar la sesión, eliminando las energías que el péndulo y tú mismo podríais haber recogido mientras trabajabais. Elige uno de los métodos mencionados anteriormente en el capítulo "Limpieza y depuración de la energía".

¿QUÉ TIPO DE PREGUNTAS DEBO HACER?

Las preguntas que formules a tu péndulo deben ser breves, articuladas y directas. Formula preguntas cerradas; es decir, que reciban una respuesta afirmativa o negativa.

Algunos ejemplos son:

«¿Debería llevar zapatos rojos hoy?»

«¿Están mis llaves en la cocina?»

«¿Mi habilidad psíquica más fuerte es la clarividencia?»

«¿Recibiré hoy ese correo tan importante sobre mi trabajo?»

«¿Debería cambiar de trabajo?»

Estas preguntas sencillas pueden dar paso a otras preguntas cerradas que te orienten más sobre lo que buscas. Más ejemplos son:

«¿Debería dejar mi trabajo actual?»: Sí

«¿Debería volver a estudiar?»: Sí

«¿Debo estudiar magisterio?»: No

«¿Debería estudiar orientación?»: Sí

«¿Debería buscarme un trabajo a tiempo parcial mientras estudio?»: Sí

Y así sucesivamente, hasta que te sientas feliz y contento con la guía que se te ha dado. Ya conoces las respuestas a las preguntas que se te plantean: las respuestas están en tu interior. Si realmente no te gusta tu trabajo, es el factor miedo en tu cabeza lo que te impide dejarlo. El péndulo puede darte ese empujón de confianza para que empieces a escuchar a tu corazón.

Nunca hagas preguntas relacionadas con otras personas, a menos que te hayan dado permiso para hacerlo. Nunca hagas una pregunta que pueda violar la intimidad o el libre albedrío de alguien. Un ejemplo sería: «¿La está engañando su novio a Emma?». Esta es una receta para el desastre y no donde debes ubicarte éticamente. Si Emma quiere que preguntes al péndulo si su novio la engaña, niégate de forma educada, ya que utilizar el péndulo para responder a este tipo de cuestiones será contraproducente y no es la pregunta adecuada para el trabajo con el péndulo.

De igual forma, evita las preguntas abiertas del tipo:

«¿Qué debo hacer si dejo mi trabajo?»

«¿Qué mascota debería tener?»

Estas preguntas son demasiado confusas como para que tu yo superior las responda con el péndulo, y las respuestas no serán exactas. Lo más probable es que el péndulo no se mueva, porque es incapaz de responder.

Cuando te hagas preguntas importantes y trascendentales en la vida, del tipo «¿Me quedaré embarazada?», intenta no poner límites de tiempo a este tipo de preguntas. En lugar de preguntar: «¿Me quedaré embarazada en el próximo ciclo?», pregunta: «¿Me quedaré embarazada en algún momento?». Esto te permitirá relajarte y no te estarás presionando a ti misma ni a tu pareja. Además, puede que te estés preparando para una decepción, porque puede que sin darte cuenta hayas movido el péndulo para ver la respuesta que querías. Probablemente sea mejor dejar las preguntas sobre acontecimientos importantes de la vida a otra persona que no te conozca. Hay muchas personas en las redes sociales y en Internet que ofrecen sesiones de péndulo, así que ¿por qué no aprovechar estas sesiones si no crees que puedes responder a algo por ti mismo?

Las cuestiones de amor también son un tema muy delicado. No pongas trabas al libre albedrío o la energía de alguien; es como hacer un hechizo de amor. Siéntete libre de hacer preguntas sobre el amor, pero enfocarlas sobre una persona en concreto no es una buena idea. En lugar de preguntar: «¿Me quiere Nick?», pregunta: «¿Encontraré el amor romántico en los próximos seis meses?» Puede que el universo no quiera que estés con Nick, aunque te parezca guapísimo y de verdad quieras que sea tu pareja. Puede que haya alguien aún mejor para ti.

Un buen ejemplo de no formular bien las preguntas es el siguiente: Le preguntas a tu péndulo: «¿Encontraré el amor en los próximos meses?» El péndulo responde que sí. Genial, ahora estás emocionado porque vas a encontrar el amor con alguien y vivirás feliz para siempre. Pasan unos meses y todavía no has encontrado a nadie. Pero el péndulo ha dicho que sí. Así que piensas que has perdido el tiempo y que el péndulo no ha funcionado. Pero en esos pocos meses, tramaste una nueva amistad con alguien y ese alguien se ha convertido en súper importante para ti. Además, encontraste una gata y ahora es tu mascota y no podrías imaginarte la vida sin ella. Así que, efectivamente, has encontrado el amor, ¡pero de una forma distinta a la que pensabas!

La formulación de tus preguntas es muy importante a la hora de obtener respuestas más claras y precisas del péndulo. Se muy específico con lo que quieres preguntar. Por ejemplo, si deseas encontrar el amor romántico con una pareja, entonces pregunta: «¿Encontraré una pareja romántica a la que amar en los próximos meses?»

Además, recuerda que, si tu péndulo no responde a algunas de tus preguntas, es probable que se deba a que el péndulo responde mejor a la mayoría de las preguntas en el aquí y ahora. Ocurre como con la mayoría de las herramientas de adivinación: puedes hacer preguntas sobre el futuro, pero el libre albedrío siempre juega un papel en tu vida, y las cosas cambian todo el tiempo. Hay caminos que seguir y muchas veces se bifurcan. Tu yo superior y tus guías pueden ayudarte a elegir el camino correcto. Tienes libre albedrío y estás viviendo en el ahora, así que puedes elegir otro camino, en cuyo caso tus guías solo pueden ayudarte a navegar por ese camino lo mejor que puedan.

Recuerda que el péndulo lo manejamos y operamos nosotros, ¡los humanos! Todos cometemos errores y el uso del péndulo no es una excepción. Utilizar el péndulo no significa que siempre obtendrás la respuesta correcta, aunque seas un profesional. Sí, cuanto más lo utilices, más precisas serán tus respuestas. El péndulo es preciso la mayor parte del tiempo, pero tú, como ser humano que maneja el péndulo, puede a veces malinterpretar a tus guías o hacer que tus guías malinterpreten tus preguntas. No permitas que la mala interpretación afecte a tu trabajo con el péndulo. Sigue trabajando, sigue creyendo y se consciente de que tu péndulo es una herramienta de adivinación maravillosa.

HERRAMIENTAS PARA RECIBIR RESPUESTAS

Hay diferentes maneras de ayudarte a recibir tus respuestas sí/no/tal vez/ahora no por parte de tu péndulo. Hay muchas alfombrillas, tableros y círculos de péndulo diferentes disponibles en tiendas de Nueva Era y *online* que pueden ayudar a tu trabajo con el péndulo. Estas herramientas son una gran manera de ayudar, tanto al principiante como al usuario experimentado, a recibir respuestas claras con un péndulo. Son muy divertidos de usar y añaden una vuelta de tuerca a la recepción de respuestas.

Las alfombrillas y tableros de péndulo suelen tener diagramas que incluyen sí/no/tal vez/ahora no, el alfabeto, números, signos astrológicos, días de la semana, etcétera. No se trata de tableros de ouija; utilizas tu energía a través del péndulo, no la energía del mundo de los espíritus a través de la plancheta de cristal. Los círculos del péndulo están divididos en un conjunto formado por un número impar de cuñas que puedes rellenar con diferentes posibilidades para obtener una respuesta. En el capítulo 6 tenemos círculos de péndulo rellenados que puedes utilizar y otros en blanco que puedes crear tú mismo.

GUARDAR EL PÉNDULO

Piense en tu péndulo como en un nuevo mejor amigo. Trátalo con respeto y cuidado. Tu péndulo, como cualquier cosa que tocas, capta tu energía, así que ¿por qué no aportarle la mejor energía que tengas? Crea un lugar en tu espacio sagrado para él. Si eres creativo y se te da bien la máquina de coser, haz una pequeña bolsa con cordón para tu péndulo -puede ser de terciopelo, algodón, lino, cáñamo o lo que más te guste- o compra una bolsita, si no puedes hacerla tú mismo. Coloca un cristal de cuarzo transparente o selenita en la bolsa, para una mejor limpieza, mientras no estés utilizando tu péndulo. Si lo dejas en un lugar ruidoso, muy concurrido y lleno de la energía de otras personas, el péndulo puede volver a estar contaminado cuando quieras utilizarlo, aunque lo hayas limpiado después de su último uso. Quieres que tu péndulo se encuentre en su nivel óptimo de energía para su uso, así que trátalo con amor, cuidado y aprecio. Si has elegido un péndulo de cristal, ten siempre en cuenta dónde lo colocas, ya que no querrás que se astille, sobre todo la punta.

¿Y SI MI PÉNDULO NO FUNCIONA?

Habrá momentos en los que tu péndulo no se mueva, o que se ponga a girar por todas partes, sin que le encuentres ningún sentido. En un caso así, ¿cómo evitar que esto ocurra?

✳ Procura no utilizar el péndulo cuando estés cansado, ansioso, decaído o deprimido, ya que esto puede dificultar tus respuestas.

✳ No lo utilices bajo los efectos del alcohol o las drogas.

✳ Si te has limitado en cuanto a creer que el péndulo funciona de verdad, lo más probable es que sus respuestas no sean correctas. Asegúrate de haber limpiado y depurado tanto tu propia energía como la del péndulo antes de usarlo.

✳ Tu yo superior puede saber cuándo no estás en el estado de ánimo adecuado para usar tu péndulo. Aunque creas que sí lo estás, tu yo superior siempre sabe cuándo no es así.

✳ Utiliza otro péndulo. Tal vez el que estás utilizando no es el adecuado para el tipo de preguntas que estás haciendo o, sencillamente, no es el péndulo adecuado para que lo utilices. Escucha siempre a tu intuición.

✳ Es posible que el péndulo que estás utilizando no tenga el peso que se ajusta a ti. Prueba péndulos de distintos pesos y cerciórate de cómo se sienten en la mano.

✳ Ajusta la longitud de la cuerda/cadena del péndulo. A veces, cuando es demasiado larga, no oscila con tanta facilidad, así que acorta la longitud de la cadena y constata si eso ayuda. Cuando la cadena/cuerda es demasiado larga, el péndulo puede tardar más en empezar a oscilar; y, si estás empezando a aprender a manejar el péndulo, esto puede resultar bastante frustrante. La oscilación puede ser bastante débil cuando la cadena/cuerda es demasiado larga, lo que dificulta la determinación de la respuesta. Puedes empezar girando la cadena alrededor del dedo para acortarla y volver a intentarlo. La cadena debe tener una longitud aproximada de 18-20 centímetros.

✳ Puede que el momento no sea el adecuado. Tal vez vas corto de tiempo y solo tienes diez minutos antes de tener que estar en algún lugar, pero quieres hacer una comprobación rápida con tu péndulo. Nunca apresures una respuesta de tu péndulo.

He mencionado con anterioridad que el uso de su péndulo, cuando te encuentras abatido, o simplemente no estás en el estado de ánimo adecuado, podría obstaculizar los resultados, aunque en realidad puede suceder lo contrario también. ¡No siempre necesitas estar feliz o vibrando alto para usar tu péndulo! Estar relajado ayuda a mejorar tu flujo de energía hacia el péndulo, pero no tengas miedo de usar tus herramientas en momentos de necesidad. A menudo, en el pasado, cuando me sentía estresada, ansiosa, o simplemente no era yo misma, no buscaba la ayuda de mis herramientas de adivinación. Pero, con el tiempo, he aprendido que estas herramientas son de hecho las adecuadas para ayudarme a superar mis momentos difíciles; sin embargo, eso es posible no sin mucha práctica y uso previo.

Siéntate un rato a meditar, vuelve a ordenar tus pensamientos y pregunta. Cuando te sientas ansioso y desees algunas respuestas tranquilizadoras por parte de tu péndulo, inspira y espira con profundidad y concéntrate en ese trabajo respiratorio durante unos minutos. Imagina que la respiración entra en tu chakra del corazón. Esta es una buena forma de reducir el ritmo cardíaco y de entrar en un estado de relajación.

Si quieres más seguridad, entonces coge una baraja de cartas del oráculo o del tarot, y tira algunas cartas para sumarlas a la búsqueda de respuestas a través del péndulo, para que te brinde más orientación. Sin embargo, si tu péndulo no se mueve mientras te sientes mal, es probable que tu yo superior sepa que necesitas trabajar para elevar tus vibraciones, antes de volver a intentarlo.

La paciencia, la disciplina, la apertura, un estado neutral y la concentración son vitales para el uso del péndulo, con independencia de cómo se encuentre tu estado de ánimo. Si estás concentrado en los acontecimientos del día, en lugar de en la pregunta que tienes entre manos y en la respuesta que estás a punto de obtener, es probable que el péndulo no se mueva o que oscile de forma que tu atención se centre. El uso del péndulo es una disciplina y requiere práctica y paciencia. Sí, tener algo oscilando entre tus dedos puede sonar y parecer bastante fácil, pero la forma en que proyectas tus pensamientos y te pones en sintonía con tu ser interior es lo que va a hacer que el uso del péndulo resulte fácil. Quieres obtener las respuestas correctas y quieres confiar en que el péndulo te dará las respuestas correctas. Si no te aplicas a utilizar el péndulo con toda tu fuerza interior, entonces es mejor que lo dejes en la tienda. Si tienes la más mínima incredulidad, entonces tu ser interior y tus guías superiores también la captarán y no *vendrán a la fiesta*. Confía, cree, se paciente, aprende, concéntrate, se disciplinado, relájate y, lo más importante, disfruta de la relación que tienes con tus guías espirituales a través de tu péndulo.

❖ 6 ❖

CÍRCULOS
PENDULARES

LOS CÍRCULOS PENDULARES SON UNA GRAN MANERA DE
recibir respuestas. Van más allá de las respuestas sí/no/tal vez/ahora
no. Puedes crear un círculo sobre cualquier tema: chakras, cristales, ciclos lunares, hechizos, amor, profesión, colores, actividades... y la
lista continúa. El círculo debe dividirse en un número impar de secciones,
para que cuando el péndulo oscile tenga una respuesta que darte en lugar de
dos. Divide el círculo en unas nueve u once partes, así será más fácil ver hacia
dónde se mueve el péndulo. Te he proporcionado unos cuantos círculos para
que los utilices, así como unos cuantos espacios en blanco para que puedas
hacer los tuyos propios. Otra alternativa consiste en dibujar un círculo en un
papel y rellenarlo tú mismo. Cuando coloques el péndulo sobre el círculo,
deja que el péndulo se sitúe en el centro del mismo a no más de un centímetro
por encima de él. Cuanto más bajo esté el péndulo, más fácil será determinar
hacia qué parte del círculo oscila el péndulo. He notado que, cuando hago
esto después de formular mi pregunta, mi péndulo tiende a oscilar en el

sentido de las agujas del reloj en el centro del círculo, casi como si estuviera probando cada respuesta que se ofrece en cada cuña. Esto puede llevar hasta un minuto, así que ten paciencia con tu péndulo. Una vez que ha terminado de oscilar en el centro, comienza a moverse en diferentes direcciones y luego concentra el movimiento en una cuña en particular. Si no estoy seguro de hacia qué cuña se dirige exactamente el péndulo, enfoco los ojos hacia abajo, como si estuviera observando a vista de pájaro, por encima del péndulo y hacia el círculo, y cierro un ojo. Así puedo ver con más claridad hacia dónde se mueve el péndulo. Si eso no ayuda, entonces tomo nota de las dos posibilidades y le pregunto al péndulo: «¿Fue la respuesta que me diste en la sección n° 2?» y así de forma sucesiva.

SOLO RESPUESTAS DE SÍ/NO/TAL VEZ/ AHORA NO

Este círculo es ideal para que los principiantes empiecen a familiarizarse con la oscilación del péndulo. Puedes utilizar este diagrama o diseñar otro similar para utilizarlo en todo momento. Tú eliges.

SÍ: La respuesta a tu pregunta es sí.

NO: La respuesta a su pregunta es no.

TAL VEZ: La respuesta a tu pregunta es tal vez. Tal vez debas formular otra pregunta más detallada o redactar la pregunta de nuevo para que tenga un significado más claro.

AHORA NO: Podría haber dos formas en que tu péndulo responda ahora no u bien oscilar en la dirección de Ahora No, o permanece inmóvil. Las respuestas de ahora no se producen sobre todo como contestación a preguntas muy personales que buscan una respuesta en concreto, y ocurre que el péndulo puede no ser la herramienta de adivinación adecuada para abordar algo así, por lo que tal vez debas probar el oráculo o las cartas del tarot.

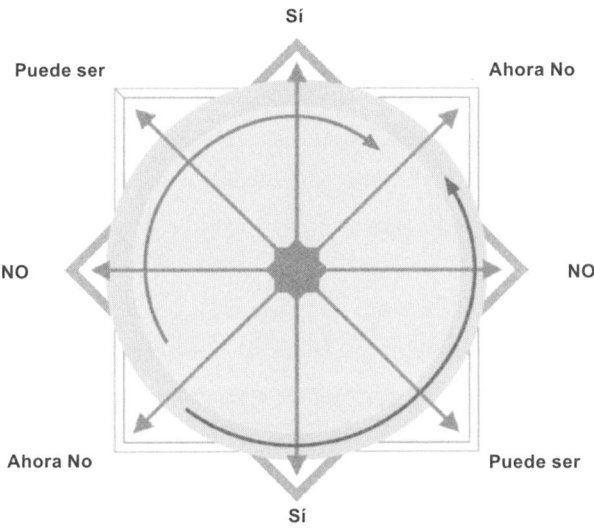

CRISTALES

Utiliza este círculo para averiguar qué cristal te servirá mejor para el día que tienes por delante.

AMATISTA: intuición, tercer ojo, calma las emociones, ayuda en la meditación, alivia los dolores de cabeza, ayuda en la desintoxicación, mejora la concentración y ayuda en el trabajo con los sueños.

CITRINO: felicidad, abundancia, riqueza, mejora la autoestima, chakra del plexo solar, potencia la creatividad, la expresividad y ayuda en la toma de decisiones.

AVENTURINA VERDE: un gran sanador, calma las emociones, el chakra del corazón, abre a uno al amor, la abundancia, y ayuda en la relajación, el dinero, la suerte y el éxito.

CUARZO ROSA: amistad, chakra del corazón, ayuda en la curación emocional, la compasión, la calma, la paz, el romance, la armonía y la crianza.

CORNALINA: ánimo, chakra sacro, refuerza la autoestima y la confianza, alivia la agresividad y la ira, y aumenta el poder personal.

JASPE ROJO: fuerza, chakra base, potencia los instintos de supervivencia, la estabilidad, la protección, la conexión a tierra y ayuda en los viajes astrales y la meditación.

SODALITA: equilibra las emociones, el chakra de la garganta, la comunicación, ayuda en la hipersensibilidad, la intuición, el conocimiento y la meditación.

CUARZO AHUMADO: ayuda a proteger de la negatividad, a relajarse y a mejorar el estado de ánimo.

PIEDRA LUNAR: hace aflorar la energía femenina, suaviza, calma, estimula la intuición, el amor, la liberación, la sabiduría, la perspicacia y potencia la creatividad.

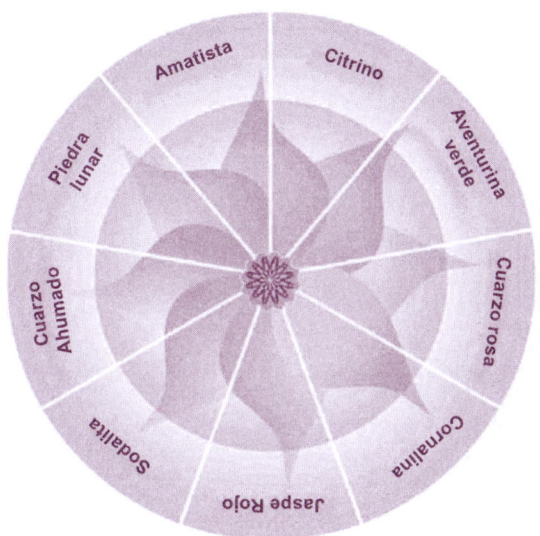

FASES LUNARES

Utiliza este círculo para trabajar con la luna. Podrías preguntarle a este círculo cuándo es un buen momento para lanzar un hechizo determinado, para hacer ciertos tipos de trabajo en el patio o el jardín, para liberar, para expandir, para buscar un nuevo trabajo, etc.

LUNA NUEVA: Este es un tiempo para nuevos comienzos y nuevo crecimiento. Emprende nuevos proyectos y manifiesta lo que quieres traer a tu vida.

CRECIENTE MENOR: Visualiza tus sueños hechos realidad. Ten valor y fe en que lo que deseas, y se hará realidad.

CUARTO CRECIENTE: Toma nota de las dificultades que puedan surgir en tu vida y ten la confianza de enfocarte en el bien mayor. Construye, crece y nutre.

CRECIENTE MAYOR: Este periodo consiste en centrarse en el resultado y en expandirse y cambiar a medida que se crece. Simplemente fluye con la vida.

LUNA LLENA: Despréndete de todo lo que se interponga en tu camino. El poder y las energías se intensifican.

MENGUANTE MAYOR: Sé amable contigo mismo y relájate. Elimina lo innecesario de tu vida y respira.

CUARTO MENGUANTE: Recoge el producto que has sembrado. Refrenda lo que se te ha dado y deja paso a lo nuevo.

MENGUANTE MENOR: Entrégate a los poderes existentes y acepta la energía para empezar de nuevo.

LUNA CASI NUEVA (un día antes de la luna nueva): Tiempo de autorreflexión, hibernación y renovación.

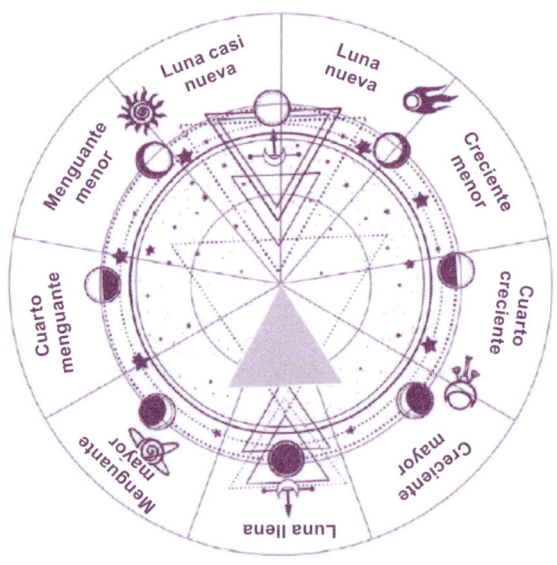

CHAKRAS

Este círculo sirve para ayudarte a descubrir qué chakra necesita atención, equilibrio o limpieza, o qué chakra y los cristales asociados, aceites esenciales, entre otros elementos, te ayudarán mejor en tu día.

CHAKRA CORONAL: conciencia, sabiduría, iluminación. Cristales: cuarzo claro, amatista. Aceites esenciales: incienso, enebro, flor de cananga. Plantas: lavanda, rosa, loto.

CHAKRA DEL TERCER OJO: intuición, capacidad psíquica, conocimiento. Cristales: amatista, lapislázuli. Aceites esenciales: lavanda, romero, incienso. Plantas: artemisa, violeta, eufrasia.

CHAKRA DE LA GARGANTA: comunicación, creatividad, verdad. Cristales: sodalita, ágata encaje azul. Aceites esenciales: menta piperita, árbol del té, tomillo. Plantas: salvia, menta piperita, clavo, anís estrellado.

CHAKRA DEL CORAZÓN: amor, relaciones, compasión. Cristales: cuarzo rosa, aventurina verde. Aceites esenciales: eucalipto, manzanilla, tilo. Plantas: jazmín, gardenia, rosa.

CHAKRA DEL PLEXO SOLAR: confianza, poder, coraje. Cristales: citrino, fluorita amarilla. Aceite esencial: limón, hierba limón, manzanilla. Plantas: melisa, poleo, canela.

CHAKRA SACRO: emociones, placer, motivación. Cristales: cornalina, calcita naranja. Aceites esenciales: geranio, cilantro, romero. Plantas: ortiga, milenrama, pimienta de Jamaica.

CHAKRA RAIZ: seguridad, enraizamiento, estabilidad. Cristales: jaspe rojo, cuarzo ahumado. Aceites esenciales: vetiver, pachulí, salvia. Plantas: romero, valeriana, pachulí.

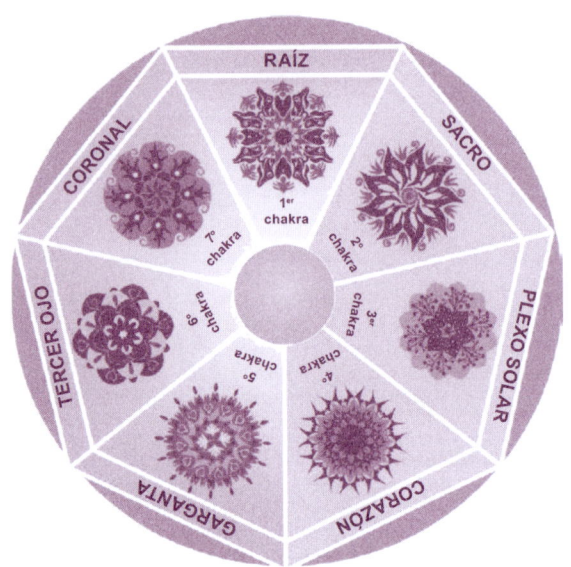

COLORES

Utilizamos los colores todos los días por diversas razones. Cada color tiene cualidades únicas que pueden ayudarnos emocional, mental, física y espiritualmente. Tal vez no estés seguro de qué color ponerte o qué color te ayudará a levantar el ánimo. En ese caso, deja que el péndulo encuentre la respuesta por ti.

NEGRO: protección, transformación, finales, renacimiento, liberación, fuerza.

AZUL: calma, conocimiento, búsqueda de la verdad, comunicación, intuición, claridad.

VERDE: abundancia, naturaleza, prosperidad, suerte, fertilidad, aceptación, curación, paz, bienestar, éxito.

MORADO: espiritualidad, magia, poderes psíquicos, adivinación, sabiduría, verdad, inteligencia, autoridad.

NARANJA: ambición, valor, resistencia, energía, fuerza, optimismo, estímulo, acción, abundancia.

ROJO: vitalidad, pasión, asertividad, fuerza, voluntad, determinación, energía sexual, amor, lujuria, deseo.

ROSA: amor, relaciones, crianza, afecto, emociones, compasión, paz, simpatía, armonía.

AMARILLO: felicidad, creatividad, prosperidad, concentración, inspiración, poder, aprendizaje, fuerza de voluntad.

BLANCO: pureza, paz, limpieza, armonía, espiritualidad, nacimiento/muerte, poder, totalidad, unidad.

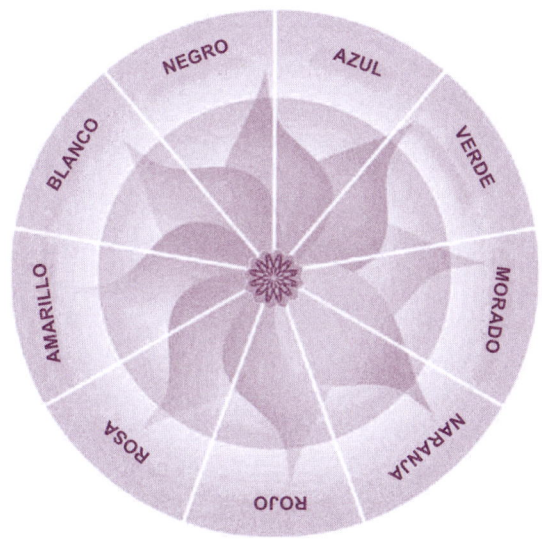

Círculos pendulares

CARRERA PROFESIONAL

A veces necesitamos un pequeño impulso que nos ayude a avanzar en nuestro camino, y nuestras carreras profesionales son una parte importante de nuestro camino vital. Por término medio, podemos cambiar de trabajo entre diez y quince veces a lo largo de toda nuestra vida laboral; y apuesto a que la mayoría de esos trabajos no nos agradan. Hay muchos aspectos que afectan a lo que hacemos para ganarnos la vida, así que pidámosle a nuestro yo superior, de vez en cuando, que nos dé un empujoncito para ayudarnos a dar el siguiente paso.

PERMANECE: Tu actual trabajo sirve bien, así que quédate donde estás por ahora.

SÉ VALIENTE: Es hora de volar, desplegar las alas y viajar alto, ya sea pidiendo un aumento de sueldo o un ascenso, o buscando en otra parte.

ARRIÉSGATE: Sigue tu intuición y averigua qué más hay ahí fuera para ti. Sigue a tu corazón.

MUÉVETE: Este trabajo ya no te sirve para tu bien superior, así que quizás ha llegado el momento de dejarlo.

SUBE LA APUESTA: ¡¡¡Tachán!!! Te van a dar una prima o un aumento, o es el momento de pedirlo.

MEJORA TUS CONOCIMIENTOS: Quizá volver a la universidad sea una buena idea, o asistir a talleres, seminarios o a cualquier cosa que mejore tu base de conocimientos.

EL CAMBIO ESTÁ EN CAMINO: Escucha a tu corazón y déjate llevar por la corriente. El cambio está a punto de producirse, así que mantente abierto a lo que se te ofrezca.

DEJA QUE TE AYUDEN: Es el momento de pedir ayuda. No creas que tienes que hacerlo todo tú solo; disminuye la carga de trabajo si es necesario.

SUBE OTRO PELDAÑO: Presenta tu candidatura, porque ¡nunca se sabe!

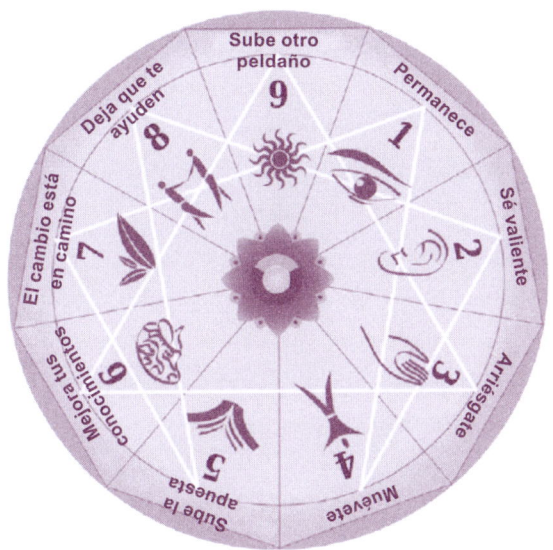

AMOR

Muchos de nosotros necesitamos un poco de ayuda en el tema del amor, y no hay mejor manera que pedir a tus guías espirituales algún consejo amoroso.

DEJA DE BUSCAR: o bien ya has encontrado una maravillosa conexión de alma con alguien, o bien tienes que dejar de buscar pareja, ya que el acto de buscar puede estar obstaculizando la conexión con alguien.

EL AMOR VIENE A TI: Respira y relájate en esta tesitura, ya que el amor estará a la vuelta de la esquina, si abres tu corazón y tus ojos a lo que se pondrá ante ti, probablemente de forma inesperada.

MUÉVETE: Puede que, en este momento, estés en una relación que no le convenga, así que tal vez debas dejarla. Alguien más te está esperando.

DEJA SITIO: Puede que necesites espacio para volver a conectar con alguien. Como dice el refrán, la ausencia hace que el corazón se vuelva más cariñoso.

CORAZÓN PLENO: Estás exactamente donde necesitas estar en este momento. Disfruta de esta unión amorosa que tienes con tu persona especial.

HECHIZO DE AMOR: Tal vez es hora de sacar el *Libro de las sombras* y lanzar un hechizo para atraer el amor a tu vida. Recuerda, ¡nunca lances un hechizo que pueda interferir con el libre albedrío de otra persona!

CONFÍA: ¡Confía en que todo va a salir bien! Puede que tengas problemas de confianza con tu pareja, y esto puede ser una señal para que confíes en tu intuición más profunda. Escucha a tu corazón.

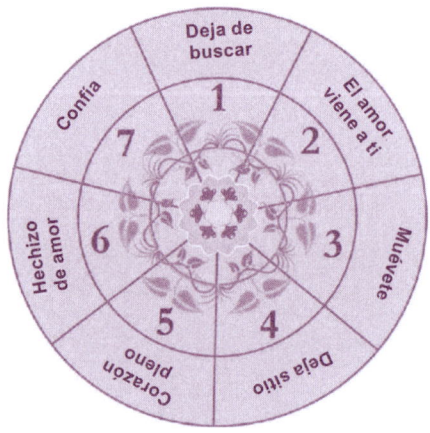

MÉTODOS DE MEDITACIÓN Y RELAJACIÓN

Los métodos de meditación son diferentes para cada persona. Quizás haya algunos métodos que te encanten, pero no estés seguro de cuál será el mejor en un momento determinado. Preguntémosle, en tal caso, a nuestro yo superior qué método de meditación y relajación nos servirá mejor en un caso específico.

YOGA: comienza a practicar yoga o vuelve a practicarlo.

MEDITACIÓN EN UN ESPACIO SAGRADO: Establece un hermoso espacio y relaja tu mente.

HOBBIES: Saca las agujas de tricotar, la aguja de ganchillo, la máquina de coser o las herramientas para trabajar la madera y ponte a crear algo.

PASEO EN NATURALEZA: Disfruta del aire fresco, la conexión con la tierra, el entorno natural y la relajación.

LEE UN LIBRO: Siéntate con tu libro favorito.

ESCUCHA MÚSICA: Levántate y pon tu música favorita.

BAÑO: Prepara el ambiente, enciende unas velas y relájate en el agua.

VE UNA PELÍCULA: Coge palomitas y siéntate a ver tu película favorita o prueba a ver una nueva (¡tal vez no violenta!).

JARDÍN: Cuida de tu jardín, ensúciate las manos y escucha el canto de los pájaros.

COCINA: Hornea o cocina a tu antojo y disfruta del proceso de crear algo delicioso.

COMPRAS: Dicen que ir de compras es una terapia.

EJERCICIO: Sal al exterior y mueve tu cuerpo o pon tu música de baile favorita dentro de casa, y muévete al ritmo de la música.

MEJORAS EN LA VIDA

Solemos ocupar nuestras vidas con tantas cosas -trabajo, compromisos sociales, familia, amigos, etc., que tendemos a pasar por alto aquello en lo que necesitamos centrarnos y a no escuchar lo que nos dice nuestra intuición. Es posible que necesitemos mejorar nuestra salud, nuestras relaciones y mucho más, así que veamos en qué debemos mejorar.

CONSUME UNA DIETA MEJOR: Es posible que su cuerpo esté deseando comer alimentos sanos y nutritivos.

HAZ MÁS EJERCICIO: Sal al aire libre y mueve el cuerpo. Hazlo con regularidad para que fluyan esas endorfinas de la felicidad, y también para mejorar tu salud.

PASA MÁS TIEMPO CON TU PAREJA: Tal vez necesites pasar más tiempo con tu pareja o en compañía de tus seres queridos.

SAL AL AIRE LIBRE: Nada supera a la madre naturaleza.

SÉ MÁS AMABLE CONTIGO MISMO Y CON LOS DEMÁS: Trabaja con el corazón y dé siempre las gracias.

MÍMATE: Date un masaje, córtate el pelo... ¡lo que sea!

APRENDE NUEVAS HABILIDADES: Acude a ese taller al que querías asistir.

TÓMATE UN DESCANSO: Dedícate tiempo a ti mismo, quédate en casa o vete de vacaciones.

CAMBIA TU VISIÓN DE LAS COSAS: Mira la vida con otros ojos y ve las cosas de un modo más positivo.

DESCUBRE LUGARES DIFERENTES: Cambia de ruta para llegar al trabajo; nunca se sabe lo que puedes encontrar si cambias de camino.

REDUCE EL USO DE LAS REDES SOCIALES: Prohíbete el uso de las redes sociales durante unos días y observa el increíble cambio que eso tiene en tu vida.

MÉTODOS DE ADIVINACIÓN

Elegir entre todas las herramientas de adivinación que puedes utilizar puede resultar un poco abrumador. Algunos días puede que no tengas ni idea de qué herramienta utilizar. Así que deja que el péndulo elija la mejor por ti.

PÉNDULO: ¡Esta sí que se merece un libro!

CARTAS DEL ORÁCULO: Haz una pregunta y saca unas cuantas cartas de forma intuitiva o deja que algunas salgan volando de la baraja.

CARTAS DEL TAROT: De nuevo, haz una pregunta e intuitivamente saca cartas, déjalas volar fuera de la baraja, o crea una tirada de cartas.

RUNAS: Pregunta a las piedras o pequeños trozos de madera con diferentes símbolos en ellos.

MEDITACIÓN: Siéntate tranquilamente en meditación y deja que te guíen desde arriba.

HOJAS DE TÉ: Lee el dibujo de las hojas de té en el fondo de una taza.

PÁGINA DE UN LIBRO AL AZAR: Me encanta seleccionar por intuición un libro y elegir una página. Cada vez que lo hago, los mensajes y la guía de las palabras de la página dan en el clavo.

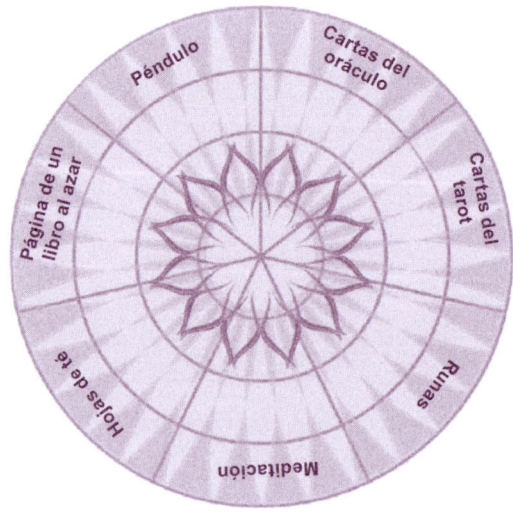

CÍRCULO ALFABÉTICO

Puedes usar este círculo para deletrear las letras, en una respuesta con palabras a una pregunta o quizás para preguntar el nombre de tu ser superior. Yo recibí el nombre de mi ser superior usando el péndulo con el círculo del alfabeto: Lezley.

Protégete siempre con cualquiera de los métodos de limpieza mencionados con anterioridad, tales como la quema de una varita de incienso, la luz blanca, etcétera. Me gusta quemar un poco de mi incienso casero de limpieza energética (romero seco, pétalos de rosa, salvia blanca y lavanda), cuando hago esto y me protejo con un anillo de luz blanca, pidiendo solo que mi sabiduría trascendente se una a mí.

No tengas ningún miedo, ya que utilizar el péndulo en un círculo de cartas no es como emplear una tabla ouija. En todo momento, estás conectado con tu yo superior; sin embargo, siempre es una buena idea limpiar el espacio en el que estás trabajando, antes de proceder con cualquier trabajo espiritual. Me he sentido segura usando el círculo alfabético y solo he contactado con mi ser superior (Lezley) cuando le he pedido respuestas de palabra a mis preguntas.

Utilizar este círculo requiere un poco de práctica, ya que las cuñas están bastante juntas. Ten paciencia y no te precipites en las respuestas, ya que el péndulo puede tardar un poco en oscilar hasta llegar a una letra. Puede que te resulte más fácil ampliar este círculo en otra hoja de papel.

También me parece que, antes de recibir la primera letra, al péndulo le gusta girar alrededor del centro durante cierto tiempo. Creo que son el péndulo y mi yo superior, que están «aprendiendo» el círculo y dónde están las letras.

Diviértete y disfruta del proceso, ya que se trata de una variante diferente a los círculos pendulares habituales.

CÍRCULO EN BLANCO Nº 1

Utiliza este círculo en blanco para crear tu propio tema y respuestas para un círculo de péndulo.

CÍRCULO EN BLANCO Nº 2

Utiliza este círculo en blanco para crear tu propio tema y respuestas para un círculo de péndulo.

CÍRCULO EN BLANCO Nº 3

Utiliza este círculo en blanco para crear tu propio tema y respuestas para un círculo de péndulo.

CÍRCULO EN BLANCO Nº 4

Utiliza este círculo en blanco para crear tu propio tema y respuestas para un círculo de péndulo.

CÍRCULO EN BLANCO Nº 5

Utiliza este círculo en blanco para crear tu propio tema y respuestas para un círculo de péndulo.

CONCLUSIÓN

Los péndulos son una gran herramienta a la hora de aventurarse en el reino de la adivinación. La adivinación es una práctica del alma que requiere que vayas a tu interior y busques la orientación que necesitas. Una vez que empiezas a escuchar a tu intuición, a sintonizar con tus poderes psíquicos interiores, empiezas a ver que la vida tiene diferentes puntos de vista, unos que no sabías que existían. Puede que empieces a observar todo lo que te rodea con nuevos ojos, a apreciar toda la gloria y las pequeñas cosas que están justo delante mismo de ti. Tu vida puede tomar nuevas direcciones que difieren de los caminos que creías correctos. Utilizar el péndulo a diario en tu vida puede ayudarte a sintonizar con tu intuición; puede darte ese empujón en la dirección correcta o simplemente responder a preguntas basadas en tus sentimientos intuitivos. A veces es difícil confiar en las sensaciones intuitivas que tenemos: la sensación constante de que algo tiene que cambiar, y que tú sabes lo que tiene que cambiar, pero tienes demasiado miedo de a dónde te llevará ese cambio. El péndulo será tu amigo de toda la vida, algo a lo que puedes acudir para tranquilizarte, para tener una segunda opinión, para abrirte al reino espiritual, conectar con seres superiores y llevar tu vida en la dirección correcta.

El tiempo, la paciencia, la persistencia y la confianza son aspectos importantes a la hora de utilizar el péndulo. No dejes que esto te desanime. Grandes recompensas esperan a aquellos que aprenden a hacer bien el trabajo, así que muévete despacio y con cariño, con tu nueva herramienta de adivinación, y observa cómo tu vida puede desarrollarse de formas que nunca creíste posibles. Date tiempo para usar el péndulo; es un ritual maravilloso para tu práctica espiritual que debes atesorar y disfrutar. Cuanto más tiempo dediques a tu propia práctica espiritual, ya sea con el péndulo o sin él, más cambios notarás en tus pensamientos, tus acciones y tus prioridades. Créeme, ¡es para mejor! Trata de encontrar un lugar tranquilo todos los días -aunque sea para balancear el péndulo frente a ti o sencillamente sostenerlo- solo para formar un vínculo y permitir que tu energía y la del péndulo se entrelacen.

Tu propia práctica con el péndulo será diferente de la de los demás. No hay una manera correcta o incorrecta de utilizar un péndulo, y lo que has aprendido aquí es solo una visión general de las técnicas básicas a utilizar. Sin embargo, a lo largo de tu viaje, con el péndulo notarás que tu práctica puede cambiar, evolucionar, mejorar y fortalecerse a medida que empiezas a encontrar tu forma única de usar el péndulo. Escucha siempre a tu corazón y, si una técnica que ves hacer a otras personas, no se alinea contigo, no la pongas en práctica. Aprendo de continuo nuevas formas de usar el péndulo, de otras personas; no todas se alinean con mi forma de trabajar, pero aprecio descubrir las diferentes formas en que otros usan sus péndulos. En mi viaje he descubierto que cuando trato de usar mi péndulo de maneras que no encajan bien conmigo, es cuando encuentro muy difícil usar mi péndulo. Así que recuerda que solo porque hayas leído algo o hayas visto a alguien usar un péndulo de una forma diferente a la tuya, ¡no es necesariamente la forma correcta para ti! Si eres un principiante en tu trabajo con el péndulo, puede resultarte bastante abrumador ver a expertos usar un péndulo y, llevado de eso, puedes creer que lo que has visto es lo que necesitas hacer. No es así en absoluto. Escucha a tu corazón, escucha a tu cuerpo y trabaja tu péndulo de la manera que más te convenga.

Así que saquemos nuestros péndulos y creemos una alianza mágica con ellos. Tu intuición y tu yo superior disfrutarán de la conexión que estás estableciendo. Elige un péndulo que haya despertado algo en ti, abraza su belleza, sostenlo con amor y permite que la magia de la energía sutil te guíe y te oriente en la vida.

La conexión que establezcas con tu yo superior solo mejorará con el paso del tiempo, así que disfruta de ese proceso. Tu vida puede cambiar de forma drástica, o no, pero cambiará para mejor y siempre con amor.

Mi vida cambió para mejor, y miro hacia atrás, incluso a solo unos pocos años vista y agradezco siempre el hecho de estar en contacto con mi «sabiduría trascendental» y mis herramientas de adivinación, ¡sobre todo mis péndulos!

Toma lo que quieras de este libro y utiliza tus péndulos como más te convenga. Disfruta de tu viaje y, si así te apetece, ¡difunde el amor por los péndulos entre los demás!

SOBRE LA AUTORA

Estoy casada y soy madre de dos niñas. Vivo en una preciosa casa de campo rodeada de árboles y flores en los suburbios de Perth, Australia Occidental.

Dirijo un pequeño negocio *online* llamado *Amongst The Wildflowers* (www.amongstthewildflowers.com.au) en el que vendo una amplia variedad de productos que van desde artículos que hago yo misma, hasta ropa y accesorios, y productos espirituales. Tengo disponible en mi tienda una amplia variedad de péndulos hechos por mí. También soy practicante de Reiki, sanadora con cristales y facilitadora de círculos de mujeres bajo la luna nueva y la luna llena.

Me considero un espíritu libre y creativo. Tengo muchos proyectos entre manos y siempre disfruto aprendiendo a llevar a cabo nuevas creaciones.

También soy una bruja verde. Me encanta trabajar con elementos naturales y regalos de la naturaleza para crear magia en mi vida. Creo productos naturales a partir de tinturas, aceites y esencias caseros, y los convierto en remedios y medicinas a base de plantas. Soy una ávida amante de los libros y prefiero comprar libros que ropa.

NOTAS

Introducción

"The use of dowsing tools": *American Society of Dowsers*. Consultado el 26 de septiembre de 2018. https://dowsers.org/dowsing-information-and-artifacts/.

"The use of dowsing tools": Nielson, Greg y Polanksy, Joseph. *Pendulum Power*. Destiny Books, 1987.

"The Chinese Emperor Yu has": Geopathology.com. Consultado el 26 de septiembre de 2018. http://geopathology.com/dowsing.html.

"In the mid 1600's, these": Pendulums. Consultado el 26 de septiembre de 2018. https://en.wikipedia.org/wiki/pendulum.

" Pendulum use was then forbidden": Conway, D. J.A Little Book of Pendulum Magic. Crossing Press, 2001.

"In 1833, Michel Eugène Chevreul": Michel Eugène Chevreul. Consultado el 26 de septiembre de 2018. https://wikipedia.org/wiki/Michel_Eugene_Chevreul.

"Abbé Mermet invented the 'Mermet',": Energy Devices and Pendulums. Consultado el 26 de septiembre de 2018. www.emeraldinnovations.co.uk.

"The reason it's so difficult": Ideomotor Phenomenon. Consultado el 26 de septiembre de 2018. https://en.wikipedia.org/wiki/Ideomotor_phenomenon.

"During the Vietnam War the": Vibrational Health. Consultado el 26 de septiembre de 2018. www.vibrationalhealth.com.au.

"During the Vietnam War the": Radiesthesia. Consultado el 26 de septiembre de 2018. www.radiesthesia.com.au.

"During the Cold War in": History of Pendulum Dowsing. Consultado el 26 de septiembre de 2018. www.pendulums.com.